AMIGO SUYO, NUNCA

Ana Inés Camp

Copyright © 2024 por –Ana Inés Camp – Todos los derechos reservados.

Ninguna parte de este libro puede reproducirse ni transmitirse de ninguna forma por ningún medio, ya sea gráfico, electrónico o mecánico, incluida la fotografía, la grabación o cualquier sistema de almacenamiento o recuperación de información, sin el permiso previo por escrito del autor.

INTRODUCCIÓN

TARDÉ EN RECONSTRUIR LA HISTORIA. Todo empezó con la compra de un velero. No cualquier velero: un Beneteau; con timón de rueda, piloto automático, enrollador para la vela mayor… impecable… excepto por el colchón de proa. Era demasiado alto. El ruido de plástico que surgía de adentro, y el cabezazo que me di fueron razones suficientes para llamar a un lonero y encargarle otro. Regalé el viejo a un jardín maternal que queda cerca de casa. Tenía forma extraña…hablo del colchón. En reglas generales, los camarotes de proa y, por ende, sus colchones son triangulares; pero las directoras del lugar me habían comentado que, por el tamaño de los bebes, su irregularidad no sería problema. Después de usarlo varias noches, y de notar que los llantos eran continuos, debido al ruido que hacía el colchón cuando los chicos se movían, habían decidido retapizarlo. Fue así como, meses después, llamaron para avisarme que mi donación no era un colchón sino dos, unidos. El plástico que había sentido no estaba debajo del tapizado: estaba en medio del sándwich de goma espuma. Y no se había puesto allí para evitar problemas con las incontinencias humanas; su misión era proteger una serie de fotos, cartas y varias hojas escritas a mano. Tenía muchas ganas de abrir el curioso paquete, pero mantuve la discreción que había demostrado la dueña del jardín. Por suerte, y esto va a sonar horrible, el dueño del barco había muerto, y lo había puesto a la venta un tiempo antes. Digo por suerte porque nadie iba a reclamar la mezcla de historias que tenía ahora conmigo. Me preocupaba el paradero de la autora del conjunto de escritos y protagonista de las fotos. ¿Adonde estaría?, ¿por qué no se había llevado aquel recuerdo antes de deshacerse del barco? El broker que me lo había vendido me dio el dato de alguien que parecía conocer a los dueños originales. Su aporte fue esencial. No sólo me autorizó para abrirlo… con él, pude empezar a atar cabos.

Me senté con este señor y pude, desordenadamente, unir partes de la vida de los personajes, a medida que los observábamos en las fotos. Yo leía en voz alta para que él escuchara. Mi intención era entender mejor la secuencia de los hechos, saber quién era quién. Era complicado retener su atención, hasta que pude llegar a un acuerdo, mediante el cual, él me brindaría toda la información que le pidiera; y yo, a cambio, le daría los originales una vez que terminara de armar la historia. Dijo que me las dejaría en su testamento; pero que, mientras él viviera, quería ser el custodio. Podría haber sacado copias y haberle dado los originales desde un principio, pero me interesaba analizar también el tipo de letra, hacer conjeturas acerca del estado de ánimo de cada autor. Aunque, en la mayoría de los casos, se trataba de la misma letra, variaba su inclinación, sus expresiones. Había una sola persona que Iannis, mi informante, no conocía. La imagen está tomada sobre un velero; otro velero, no el que yo había adquirido. En ella, hay tres mujeres de cuarenta y pocos años: Nicole, Adriana y Raquel, según dijo él, algo nervioso. El cuarto es un hombre, mayor que ellas. Calculo que tendría unos sesenta y pico de años, muy delgado, canoso, de una mirada serena; está sonriendo, igual que las otras tres. Por la edad, supuse que era el padre de una de ellas; Iannis negaba con la cabeza, diciendo que, en ese barco, durante ese viaje, no había más tripulantes.

Contaba con bastante información para empezar a escribir. Iba a tener que armar un rompecabezas complejo. Fiel a la realidad donde pudiera; pero, en algunos casos, inventando. Soy consciente de que, en la vida real, las cosas son verdad o mentira, blanco o negro. Lo que encuentro apasionante en la escritura es que las zonas grises están permitidas.

Capítulo I

Llamó a Bogotá por décima vez esa semana. Sentada en el escritorio, Nicole no se fijó en la hora; le daba igual. Así como, también, le era indistinto el tamaño de cuenta que llegara al mes siguiente. El teléfono sonó dos veces y apareció la voz que tanto había extrañado. Adriana la saludó con frivolidad, pretendiendo indiferencia; pero, como de costumbre, la sorprendió.
-Oiga, cuénteme una cosa... ¿Usted ha tenido amantes?
-¿Otra vez contesto yo primero?
-No se haga, cuente.
-Ok, sí.
-¿Hombre o mujer?
-Las dos cosas.
Adriana se quedó helada, y Nicole hubiera pagado millones por ver su expresión. Estaba tan feliz de haberla encontrado, que le pensaba contestar cualquier cosa.
-¿Cómo que las dos cosas? Con esa mamá tan pudorosa, tan conservadora, tan... ¿con los dos a la vez?
-No, idiota, no fue una orgía.
-No sea tan ordinaria ¿Estuvo bueno lo de la mujer?, ¿cómo se le ocurrió? Pero, deténgase ahí, que antes tengo otra pregunta: su maridito... ¿sabe?
-No sólo sabe... él estaba ahí.
El grito de la colombiana y la carcajada de la uruguaya se oyeron a través de la cordillera entera. Ambas habían aumentado el volumen de la conversación, ajenas a la hora y, menos, a quienes dormían. Nicole intentó bajar el volumen, pero no lo hizo a tiempo. Con horror, vio que la puerta del escritorio se abría y aparecía Bigo; y no en uno de sus mejores momentos. Interrumpirle el sueño era considerado un crimen; y, tanto ella como Elba, la señora que trabajaba con el matrimonio hacía años, lo sabían muy bien. Normalmente, era un hombre impecable, verlo desaliñado era extraño. Entró con los ojos prácticamente cerrados; gran parte de la melena rubia y gris asomando por detrás de su cabeza, desordenada

y aplastada por las dos almohadas de pluma que insistía en usar, a pesar de que le dejaban ese desorden capilar. No por favor, pensaba Nicole, no avances un paso más, o arreglate los calzoncillos que están torcidos; no Bigo, no... tarde...la mueca de la uruguaya tuvo un efecto inmediato.

-¿De qué te reís? ¿Me estás cargando, Nicole?- cuando pronunciaba el nombre de su mujer, con todas las letras, era mala señal. -Son las cuatro de la mañana, ¿con quién hablás?

-Uy, no me di cuenta.

Los ojos verdes de Bigo oscurecieron por el enojo. Parecía un adulto indignado con una adolescente.

-Tenemos un cocktail esta noche. Vas a ser un zombi.

Adriana insistía: -¡Cuente, marica! ¡No se quede callada!, ¿qué le dijo su mamá?

Mientras el aspecto del francés se iba transformando de un ser adormecido a otro listo para matar, y la colombiana aumentaba el volumen de las preguntas, Nicole sentía que su estómago giraba y se retorcía... Aguantate, pensaba, hagas lo que hagas, aguantate... no te tientes, que te mata.

-Adriana, te llamo más tarde...

-¡No me deje así! ¡Nicole!

Colgó, apagó la luz con la que había encandilado, durante esos interminables minutos, a su marido, y lo siguió hasta el cuarto, seria y en silencio; tarea que se había ido complicando con el paso del tiempo. Se recostó al lado de un hombre enfurecido y, peor aún, despabilado. Probó amigarse y calmarlo. Le dijo que por fin había encontrado a su amiga del alma, y que se sentía feliz de tenerla nuevamente. Cansado de ignorar a su mujer y de tratar de dormirse, Bigo abrió los ojos, apenas unos milímetros, para mirarla; murmuró algo parecido a un insulto, se puso los auriculares y sintonizó la radio; apoyó la cabeza sobre las almohadas, tomó las sábanas con las dos manos, y le dio la espalda. Nicole, boca arriba, mordiéndose el labio inferior para continuar suprimiendo cualquier tipo de sonido, esperaba la señal que le permitiera volver a su escritorio. Chistoso: no me puedo reír, tuve que colgar con mi amiga, y además, ¡me congelo toda destapada! Por lo menos largá la sabanita... ¡agh!... roncá de una vez. No tuvo que esperar mucho. Salió sin hacer ruido, cerró todas las puertas, caminó a oscuras por el pasillo del departamento; y después de tomar una manta para entrar en calor, llamó a Colombia. Ahora eran dos a los que había despertado en una sola noche; pero su amiga, que se aguantara: era la causal del desastre. Hablaron un rato largo acerca de hermanos, amigos, y padres. Hasta que la colombiana volvió a la carga.

-¿Era en serio lo de los amantes?

-No contesto más. Ahora vos. ¿Estuviste con alguna mujer?

-Oiga, Nicole, en esta parte del mundo está saliendo el sol; ¿usted no tiene que ir al mercado, o hacer algo de lo que hacen las señoras esposas? Espere un minuto, ¿así que se casó y sigue con el mismo? ¿No se aburre?

Nicole suspiró. Su amiga no le iba a contar nada. Bigo aparecería en cualquier momento, bañado, vestido, elegante, listo para irse juntos; él, a la embajada y ella, a su oficina. No empezarían bien el día si la veía en ese estado. Se despidió una vez más de Adriana, y miró el reloj. Le quedaban veinte minutos para convertirse en un ser humano. El café lo tomaría con sus compañeros de trabajo.

Cuando abrí la boca para decir que me estaba transformando en escritora, el interés fue variado.

-¿Estás escribiendo un libro?, ¿de qué se trata?

-Es el reencuentro de dos amigas; una de ellas resulta ser lesbiana.

A lo cual sigue el interrogatorio:

-¿Y la otra se convierte? ¿Es un tema real o te lo imaginaste?

Si digo que es verídico, entonces se viene el análisis, con comentarios como: -Vos sabés que yo tengo un amigo que es homosexual; pero de chico iba al colegio con nosotros, y nunca nos dimos cuenta…

O como: -Escuché que las lesbianas son mucho más promiscuas e histéricas, más que los hombres gay.

En otros casos dan algunas hipótesis: -Cada vez hay más, ¿te diste cuenta? ¿Será una moda, o las chicas de hoy lo hacen para atraer a los varones?

Estas conjeturas y conclusiones se ofrecen a modo voluntario. Algunas son meras generalizaciones sin mucho contenido; otras, con bastante fundamento. Soy, confieso, de esas que ofrece consejos sin que me los pidan, y proclamo verdades absolutas continuamente. Ahora, eso sí, cuando otro lo hace, me resulta curioso.

Soy consciente, también, de que he generado intriga con respecto a mi persona. Aunque hubo pocas preguntas directas, noto que la duda en los demás, persiste. ¿Seré lesbiana, me gustarán las mujeres sólo para pasar el rato, o será simplemente un tema que me interesó?

No creo que mi orientación sea de interés alguno, pero nunca supe hacerme la misteriosa. Por lo tanto, en muchos casos, he contestado a todo tipo de preguntas. Mi madre, quien considera un horror lo que estoy escribiendo, me dijo (no me preguntó): -Esto es un espanto, van a pensar que una de ellas sos vos- Y ya me anunció que no piensa leer el libro. Mi hermana ha pasado a mostrarme hombres, y aunque estoy casada, insiste: -¿Ese no te parece buen mozo?- Y, si le digo que no, agrega: -Para mí que te estás convirtiendo en uno de tus personajes.

Un ex compañero de trabajo me ofreció salir con él y su novia, para hacer un trío. Dijo que ella había aprobado la iniciativa y, cuando dije que a mí no me había preguntado, me contestó: -Me estás jorobando. Nena, con el libro que estás escribiendo…

Capítulo II

Adriana y Nicole se habían conocido en la Facultad cuando tenían dieciocho años, un día de octubre. Ya había pasado un mes desde el comienzo de las clases, y Nicole seguía tan fascinada como si fuera el primer día. Por fin había llegado el momento de encarar su independencia. Esa mañana se había levantado muy temprano, antes de que sonara el despertador. Sus padres y hermanos dormían todavía; así que bajó sin hacer ruido y desayunó lo que pudo aguantar su estómago: un café cortado y media tostada con manteca. El amanecer prometía un día espectacular. Viajaría hasta la Facultad por calles rodeadas de árboles de distinto tonos; y lo haría con la ventana baja, para respirar el aire seco... Un alivio después de la humedad tan típica del verano de Washington. El clima de esa ciudad le había molestado siempre. No por temas de salud física, sino más bien mentales: su pelo se ponía asqueroso, se sentía feísima; y se le sumaba, a la tortura, el reclamo de su madre: -¿Te podés peinar un poco? Podrías ser tanto más mona. No, Nicole, no tiene nada que ver la humedad... Vení que te paso el peine y vas a ver cómo cambiás.

Pero ese día el pelo y el clima estaban de su lado. Por suerte, porque tenía su primera prueba de física y no quería distracciones. Estaba bastante segura de lo que sabía; y lo único que notaba, a diferencia del colegio, era que ella había elegido esa materia: no le había sido impuesta, y formaba parte del programa para obtener el título de arquitecta. Cuando llegó a la clase, se sentó en el lugar en el que acostumbraba. En vez del rubio, que normalmente se sentaba al lado, apareció una flaca de habla hispana que, hasta ese día, no había conocido, aunque si la había oído. Era colombiana. Nicole lo sabía porque había pasado varios años en Bogotá con su familia, y porque la flaca entraba siempre hablando con alguien, y siempre en voz alta. Esa mañana se quejaba del clima, del frío que sentía, de que Washington no era una ciudad para gente de sangre caliente. En fin; quienes entendieran castellano, o no, se daban vuelta para mirarla, o para pedirle que bajara la voz. Nicole la miró con cara de "cortala maleducada", pero daba igual..., en esa época no intimidaba a nadie.

La profesora llegó unos minutos tarde, con los exámenes debajo del brazo; saludó sin mucho entusiasmo y los repartió, uno por uno, ante una clase callada y tensa. Nicole se concentró de inmediato en responder cada pregunta. Estaba encantada de poder hacerlo. Especialmente en una materia a la que, en principio, le había tenido bastante miedo. Faltaba media hora para entregar las pruebas, cuando vio que Adriana, quien hacía rato se movía de un lado para el otro sobre su banco, le arrancó el examen de su escritorio. La miró, pero la otra ni levantó la cabeza. Evidentemente, pensó Nicole, no tiene ni idea, ni le importa ponernos a las dos en riesgo. No tuvo más remedio que esperar, sudando y rezando para que la profesora no se diera cuenta, hasta que la hoja volvió a su lugar, y pudo entregar la prueba sin inconvenientes. Al salir de clase, corrió para alcanzar a la autora de lo que consideraba un agravio no menor. Cuando la tuvo enfrente, le tocó el hombro. Adriana se frenó, le dirigió una mirada desafiante, puso sus manos en la cintura con gesto de "no me vengas con llantitos", y echó a reír. Nicole se puso colorada.

-No entendés. A las dos nos hubieran puesto un cero.

-¡Ay, quítese esa cara de perrito mojado! Tengo que admitir que es la víctima perfecta... ¡Y esa mirada que me echó! ¡Qué susto!

-No me pareció nada chistoso.

Adriana se disculpó. Dijo que no sabía que era tan malo lo que había hecho, y consiguió que Nicole sonriera cuando ella imitó la cara que había puesto, según la colombiana, en el momento en que la prueba le había sido arrebatada de sus entrañas. Nicole aceptó la disculpa, y también la invitación para tomar algo y celebrar el final del primer examen. Hablaron horas en la cafetería. Se burlaron de cuanto personaje compartía la clase con ellas; en especial, de la profesora. Era una mujer de apariencia desagradable, con una enorme debilidad por la uruguaya, y muy impaciente con la colombiana. Un comportamiento que se repetía, notaron, en muchas de las clases.

Adriana vestía con ropa de diseñadores conocidos. Era inteligente, muy divertida, y se relacionaba con cualquier tipo de persona. Le gustaba ser el centro de atención; cosa que le costaba poco, dados su porte y su carisma. También le encantaba la música, y asistía a cuanta fiesta o recital se le presentara. Aunque el estudio no era su fuerte, estaba comprometida con la idea de independizarse económicamente de su padre. Estudiaba sólo para llegar, cuanto antes, a ser profesional; y ya no tener que someterse a más clases, exámenes, o profesores.

Nicole contaba con una lógica sorprendente, y era brillante cuando tenía que resolver un problema de física o matemáticas. Su dificultad se basaba en elegir o mantener amigos. Las personas, en general, la aburrían; o le sacaban tiempo para estudiar. Cuidaba poco su apariencia, y ocultaba su cara detrás de unos anteojos enormes; alegando que, si tenía que usarlos, lo haría con personalidad.

Mirando una de las fotos de esa época, veo a un grupo de chicas, vestidas con shorts y remeras, entre las cuales están ellas dos. Abajo, en una letra que asumo que es la de Adriana, porque no se parece al resto de los escritos, hay una leyenda que dice "equipo de volley amateur, unidas para la foto y para partidos amistosos". Adriana es una de las más altas. En su cara hay determinación, como si formara parte de un equipo de profesionales. Nicole está sentada en la fila de abajo; y, a diferencia del grupo de Adriana, todas ellas están sentadas con las piernas cruzadas. En ambas filas, se las ve abrazadas; menos a Nicole. Sus manos, una arriba de cada rodilla. En una de ellas, sosteniendo un par de anteojos. La uruguaya no sobresale por su expresión; pero sí porque es la única que está mirando a un costado; deseando tal vez encontrar la salida más cercana para escapar, cuando terminen de tomar la foto.

Socialmente, Nicole era de una inocencia que contrastaba con la elegancia y viveza de su amiga. Al igual que Adriana, soñaba con ser independiente. Aunque, para ella, el estudio era divertido, nunca un sacrificio. De grande, decía, iba a ser distinta. En su trato con los hijos, si alguna vez los tenía. Y, si se casaba, no repetiría las trivialidades de los matrimonios tradicionales. La soledad y el silencio le gustaban tanto como a la colombiana los eventos sociales. Protestaba cuando esta otra le insistía en ir a una fiesta;

aunque, más de una vez, era ella quien no quería volverse, y bailaba hasta la madrugada.

    Juntas charlaban por horas, y se reían de cualquier cosa. Hablaban de hombres, de la familia, y de los mil y un viajes que harían cuando crecieran. Adriana se especializaba en sacarle información a Nicole acerca de lo que hacía con sus novios. En las clases, Nicole luchaba por prestar atención mientras la otra le hacía caras; o le mandaba notitas con chistes, proverbios inventados, caricaturas del profesor o de alguno de los alumnos.

    La colombiana era la tercera de cinco hermanos, y había perdido a su madre en un accidente cuando tenía catorce años. No hablaba mucho acerca de eso. Era más lo que contaba acerca de su madrastra, a quien quería tanto como peleaba. Su padre, Eugenio, se había vuelto a casar a los pocos años de enviudar. Esto le había causado un enorme vacío; porque, hasta entonces, había sido la hija preferida. Pronto sustituyó las atenciones de Eugenio con las de Ricardo, el hijo de un amigo de la familia. Le tenía un enorme cariño, a su padre le encantaba, le hacía unos regalos espectaculares, y la llevaba a las mejores fiestas. Mantuvo el noviazgo por carta desde Washington; y cada vez que volvía a Colombia, él la esperaba, ansioso. Su adoración por ella parecía crecer con cada visita. Adriana no lo tomaba tan en serio; de modo que vivir en otro país le daba un respiro. Le era cómodo decir que tenía novio cuando, en fiestas, veía que no podía manejar el avance de alguno a quien ella inicialmente había provocado. Era un juego que la divertía. Un juego en el cual Nicole era tan o más arriesgada aún. Los hombres, decían ambas, eran divertidísimos de conquistar; pero aburridísimos una vez atrapados. Pensaban que iba a ser toda la vida igual; y si algo le reprochaba Nicole a Adriana era que no rompiera de una vez con Ricardo, a quien se lo notaba cada vez mas desesperado.

    -¿Cómo podés seguir? ¡Es una tortura!

    -Mire quien habla, la madre Teresa. No se haga la santita conmigo.

    -Yo nunca estuve con dos al mismo tiempo, y ése no es el punto. No lo digo por Ricardo, lo digo por vos. ¿Cómo tenés el estómago?

    -No sea mala. No es tan feo... y me adora...

    Era casi imposible cortar con Ricardo. No quería herirlo, y no veía razón para hacerlo. La relación llevaba muchos años, era cariñoso, la entendía. Su amiga era menos apegada. Se enloquecía con uno, empezaba a salir; y cuando sentía que la llamaba muy seguido, o que hacía con él lo que quería, rompía con una insensibilidad que la colombiana envidiaba. Discutían seguido por el tema de Ricardo. Adriana le reprochaba su falta de sentimientos; y la otra argumentaba que, al menos, ella no usaba a la gente. Una relación, según Nicole, no podía carecer de pasión. Su amiga insistía con que eso era cosa de novelas, que no podía soñarse siempre con un romance. Lo sostuvo hasta que apareció Andrés.

-Me hizo sentir cosquillas hasta en lugares que ni sabía que tenía.

Andrés vivía solo en Washington, era profesional, le gustaba el buen whisky, y hacía poco que se había comprado un auto deportivo, aprovechando que vivía en una ciudad adonde no tenía que preocuparse por la seguridad. Lo había conocido en una comida en la embajada de Colombia. El auto y su dueño habían sido notados por Adriana al entrar con su padre. Él había estacionado y, sin dejar de mirarla, se había bajado del auto. Luego se acercó. Algo nervioso, pero seguro de sí mismo. Eugenio, acelerando el paso, había tomado a su hija del codo. No iba a permitir que se comportara como la adolescente que era, y menos que pusiera en riesgo la relación con Ricardo. Durante la comida, se las habían arreglado para intercambiar teléfonos.

Al día siguiente le contó a su amiga que no había podido dormir pensando en él, soñando despierta con el momento en que la llamara. Le dijo que se imaginaba cómo sería recorrer Washington en ese descapotable tan "berraco"; y le habló de su mirada, penetrante. Andrés la llamó al cabo de dos días, y salieron casi todas las noches, a escondidas del padre. Se ocuparía del tema de Ricardo cuando llegara la hora de volver.

La duda entre Ricardo y Andrés era uno de los temas que las divertía y preocupaba, como también los múltiples amoríos de Nicole.

-Dígame... ¿Adónde se metió con el iraní? ¿A que dejó que le tocara sus voluptuosas pecheras? ¿Cómo fue? De imaginarlo, me pongo nerviosa. ¡Qué churrazo!

Nicole, por fin, había salido con el famoso iraní. Era un tipo alto, con un aire misterioso. Pelo, bigotes y ojos, profundamente negros. Estaba con ellas en una de las clases, se sentaba en los escritorios de atrás. Participaba poco en las discusiones, pero cada tanto contestaba alguna pregunta del profesor. Cuando lo hacía, las dos se daban vuelta para escucharlo y mirarlo, porque hablaba con un acento marcado, difícil de entender. Tenía una voz muy grave, y era peligrosamente buen mozo. Nicole lo miraba con intriga; y él le guiñaba el ojo a medida que respondía.

La pregunta de Adriana se refería al día anterior. Cuando Nicole se dirigía a su escritorio, el iraní la había tomado del brazo, y le había pedido que durante esa clase se sentara junto a él. Nicole, colorada, había temido que él lo notara; y, sin contestar, había bajado la cabeza, mientras seguía caminando hasta su escritorio. Sin terminar de sentarse, había visto al iraní a su lado. Adriana había quedado en el olvido, al igual que el sentido académico de dicha cátedra. No escuchó una sola palabra del profesor, terminó la clase, y se fue con el misterioso bigotudo. El interrogatorio era de esperar.

-¿Adónde se fue? Cuénteme. La llevó a su mansión, y se besaron locamente hasta el amanecer...

-No. Fuimos a charlar a la cafetería.

-Miéntale a su abuela; porque yo fui a la cafetería, y no estaban. No sea tacaña. ¡Comparta!

Su amiga tenía la habilidad de hacerla revivir momentos, y de sentirlos con el mismo o mayor entusiasmo. Por Dios, Adriana, no te vayas nunca, pensaba a menudo Nicole cuando tomaba conciencia de que, por fin, había encontrado una amiga.

-Fuimos para el otro lado. Apenas salimos del edificio, me tocó los labios y me preguntó: -¿Puedo?- Ni contesté.

-¡No, claro! Le veo la cara. ¡Se lo baboseó todo!

-¡Asquerosa, qué feo sonó eso! Pero sí...qué tipo más impresionante...

-¿Eso hicieron no más? ¿Adónde puso las manos mientras la besaba? ¿Le acarició el pelo? Prométame que se quitó esas gafototas de niña inteligente antes de darle su lengua.

Adriana hacía los gestos correspondientes con su lapicera, e insistía en recibir detalles. Nicole la llevó hasta el lugar del encuentro, se paró con su espalda contra la pared, y le explicó: -Yo estaba acá. El se puso enfrente, muy cerca... me miró... así, para abajo, puso sus manos contra la pared...

-Llegó un policía, lo palpó, se hicieron una fiesta de mariquitas, y usted quedó aplastada contra el ladrillo. No se preocupe, no interrumpo más. Sigamos...– y poniéndose en la posición que supuestamente había asumido el iraní, preguntó: -¿Así estaban? ¿Y la miró con estos ojos?

Exagerando, frunció los labios, parpadeó rápidamente, e inclinó la cabeza hacia su amiga, quien ya no podía sostenerse de la risa. Estaban en medio de esa insólita recreación del hecho, cuando apareció el iraní junto con un amigo. El monumento al sexo masculino, como lo habían apodado, empujó suavemente a Adriana, rodeó con sus dos manos el cuello de la uruguaya, y la besó. Nicole estuvo a punto de quedarse sin aire, pero logró contenerse y disfrutar. Hasta que el iraní dio un paso atrás: -Era así- dijo. Y dirigiéndose a Nicole, preguntó: -¿A las cuatro te parece bien?

Ella asintió; y el monumento, satisfecho, se fue con su amigo.

-¿A las cuatro, qué? No, espere, cuénteme. ¿Fue aquí, en este lugar donde le sintió las glándulas mamarias?

-¿Cómo te diste cuenta de que me las había tocado?

-¡No lo sabía! Sólo que hoy usted caminaba un poquitico más derecha, y apuntando al norte. Ahora quiero todos, todos los detalles.

Adriana tomó la posición que unos segundos atrás había dejado el iraní, pero Nicole la frenó. Le era imposible hablar de lo tentada que estaba; pero tenía claro que, si su amiga la tocaba, iba a reaccionar. Adriana se hizo la ofendida.

-Que mal pensada. Bueno, no se ofusque. Hagamos que esta botella era usted...

Así se las veía por todos lados. Haciendo gestos con objetos, completándose las frases. Hablaban como si estuvieran ocultando el mayor de los secretos.

El iraní se convirtió en una obsesión para la uruguaya. Siempre había tenido la percepción de que no era más que una atracción física, pero resultó ser un hombre sensible, con un sentido del humor que la sedujo; hasta el punto de que su madre le pidió que fuera un poco más cauta. Lo complicado para Nicole era abrirse de los temas que abarcaba con él. Demostraba, también, un sentido común y una inteligencia que la llevaban a admirarlo; además de empezar a quererlo. Adriana, al igual que los padres de Nicole, trató de aconsejarla, sin mucho éxito. El punto final de la relación se dio naturalmente. Él comentaba, que su objetivo era ayudar, junto con otros iraníes alrededor del mundo, a que su líder volviera a Teherán. Cuando lo consiguieran, su regreso sería cuestión de meses. Rubik, así era su nombre, viajó al finalizar el semestre de primavera y, desde allá, la llamó. No pensaba continuar sus estudios en América, y le encantaría que ella lo visitara para formalizar su relación. Nicole no dudó. Su objetivo principal era recibirse cuanto antes, y dio por terminado el episodio. Sintió un vacío grande, pero también un alivio.

En esa misma época, una de las dos viajó a Colombia con su familia. La otra decidió trabajar los primeros meses y, en agosto, ir a ver a una amiga a Madrid. Apenas volvieron, se encontraron para compartir historias. Adriana venía con los cuentos de los regalos que le había dado Ricardo, de las fiestas a las que había ido, de lo bien que la había pasado, y de lo mucho que había sentido la ausencia de Andrés. Nicole volvió enloquecida con un español.

El año que siguió fue para las dos mejor aún que el primero. Fiel a su relación con el español, la uruguaya bajó los decibeles de su habitual flirteo, y se dedicó a estudiar tanto o más que en años anteriores. La colombiana parecía cada vez más enamorada de Andrés y, con ello, crecía su remordimiento por la relación que insistía en mantener con Ricardo. Unos meses antes de terminar el segundo año, se confirmó lo que ambas sabían que, tarde o temprano, sucedería. La familia de Adriana se volvía para Colombia. Nicole debía despedir una vez más a alguien querido. Estaba cansada de hacerlo, y esta separación fue, quizás, la más dura. Había vivido situaciones similares de más chica; el problema, se repetía, era encariñarse. No lo haría más.

Adriana lo veía distinto. Consideraba que iba a ser difícil mantenerse en contacto y, más aún, visitarse; porque si querían independizarse, debían seguir estudiando, y no contarían con el dinero ni el tiempo para viajar. Pero se podrían escribir, decía; y llamarse cada tanto por teléfono. Alentaba a su amiga a pensar en forma positiva, no podía verla sufrir de aquel modo. Era una tristeza difícil de detectar, si no fuera porque la conocía tanto, y porque notaba su dolor en la mirada, y en ese temblor debajo del labio inferior que, por orgullo o por lo que fuera, reprimía hasta hacerlo casi invisible.

Adriana también la iba a extrañar, pero suponía que la vida las juntaría en algún momento; y, mientras, podían mantenerse en contacto. Washington no le gustaba tanto como Bogotá, pero a

Nicole y Andrés los iba a extrañar, y mucho. Además, del otro lado, la esperaba Ricardo.

Nicole quedó, pues, con la doble tarea de extrañar a su amiga, y de sostener el derrumbe emocional de Andrés. En una de las cartas a su amiga decía,

Estimada Adriana Uribe: (ni Adri, ni querida amiga, nada...de cariño ni hablar... estoy agotada, y es tu culpa... paso a contarte por qué)

...anoche, TODA LA NOCHE, tuve que aguantármelo a Andresito, mientras hablaba de vos, lloraba, tomaba whisky, lloraba otra vez, y... ¿podés creerlo?... seguía tomando. Se tomó toda la botella... y me decía, con ojos saltones, llenos de lágrimas (alcoholizadas), que te extrañaba, que moría por vos, y... seguía tomando (¡¡lo chistoso es que nunca se le trabó la lengua!!). Decía que quería tocarte, snif, y abrazarte, snif,... y yo, lo único que pensaba era..."ahora... ¿cómo me vuelvo a casa?" Además...también me preguntaba (no él, y,o a mí misma) si YO te quería tanto, como para aguantarme ese suplicio. ¡¡¡Ah, no!!! (Estoy segura de que te estás riendo mientras leés la tortura a la que me sometiste). Para peor...cuando vio la última gota en la botella, insistió en traerme a casa... manejando él... por supuesto. Visto y considerando el suplicio al que me sometí, todavía no pude pegar un ojo; no por falta de sueño, sino porque mamá, con toda razón del mundo, también se quedó despierta esperándome; y, de los nervios, no para de retarme.

Un cordial saludo,

Nicole

Adriana le respondió ésa y le escribió muchas otras. Fueron carillas y carillas, llenas de relatos y sentimentalismos. Nicole contestó varias, pero prefería no extrañar tanto, y fue menos consistente. Con el tiempo, las cartas se espaciaron; y, en unos años, dejaron de escribirse por completo.

Capítulo III

Nicole cambió de carrera. Pasó de arquitectura a ingeniería en sistemas y matemáticas. Lo hizo pensando en el español, con quien quería juntarse cuanto antes; y porque supuso que, con ese cambio, iba a poder acercarse un poco más a su padre. Ninguna de las dos cosas sucedió. Rompió con el español antes de terminar, y la relación con su padre fue la misma de siempre: poca química, y poquísimo diálogo. No se llevaban mal, era la indiferencia lo que le dolía. Tardó muchos años en entenderlo y poder comunicarse; y se dio cuenta de que el tema del estudio era indistinto. Igualmente, para ese entonces, ya estaba recibida, su nueva elección presentaba excelentes perspectivas de trabajo, y no dudaba de que tuviera también buenos desafíos. Empezó a trabajar apenas terminó de estudiar; y, simultáneamente, hizo un postgrado durante el cual conoció a Monsieur Bigots, como le decía la colombiana.

Bigo estudiaba una maestría en relaciones exteriores, y vivía solo. Había nacido en París, de padre alemán y madre francesa. Su padre había muerto al año de su nacimiento, y su madre se había mudado con él a la casa de una hermana en Buenos Aires. Por la situación económica, Bigo había tenido que ganarse la vida desde los diez años. Y lo había determinado a conquistar el mundo que lo rodeaba, y al que no conocía. Desde muy chico, el mapamundi que su madre guardaba en la biblioteca del living, lo había fascinado; especialmente cuando su tía lo hacía girar y se le permitía que lo frenara. Lo agarraba con las dos manos, y miraba ensimismado mientras ella le decía: -Acordate, cuando seas grande, vas a detenerlo sin las manos.

No necesariamente entendía si lo iba a hacer por arte de magia, o qué era exactamente lo que su tía quería decir, pero la frase y el poder que percibía al escucharla, le eran suficientes. Cerca de la adolescencia, las mujeres se convirtieron en una distracción importante, aunque no dejaba de pasar por el mapamundi ni de hacerlo girar dos o tres veces por día. Mantenía al sexo femenino en un plano secundario: se involucraba poco y disfrutaba mucho. Estudió diplomacia en Francia; y, antes de empezar a trabajar, consiguió una beca para especializarse en Estados Unidos. Había tenido que mejorar su inglés, y lo había hecho con la misma determinación que había mostrado en cada una de sus metas. Al poco tiempo de llegar a Washington, agregó un objetivo. Había visto a Nicole, por primera vez, en un show. Ella se había acercado a saludar a un amigo, y Bigo le había pedido que se la presentara. La uruguaya se había puesto nerviosa con el primer saludo. La había mirado directamente a los ojos y, en una fracción de segundo, había recorrido su sonrisa y su delantera; y había terminado por seducir y derretir las defensas que ella intentaba poner. Todavía guardaban, como prueba, la foto de ese día. Según Bigo, y no se equivocaba mucho, Nicole había quedado desconcertada antes de que él le preguntara cómo se llamaba.

Hay una foto de ese día. Ambos parados. Bigo, de piernas cruzadas, haciendo equilibrio; Nicole está levemente inclinada hacia él. Con su brazo derecho, él rodea los hombros de la uruguaya. Tiene el izquierdo doblado, con la mano apoyada en la cintura. Nicole rodea la cintura de Bigo con su brazo izquierdo; el derecho está hacia delante, la mano apoyada en el cinturón de su pantalón. Las miradas de los dos son hacia el frente, sonríen. En el caso de Bigo, se diría que con orgullo; en el de Nicole, con sorpresa.

El francés fue totalmente distinto a lo que Nicole estaba acostumbrada. No había conseguido predecir cuándo la iba a llamar, ni saber adónde la llevaría cuando la pasaba a buscar. Adivinando la naturaleza de la uruguaya, y en respuesta a las dudas que presentía, Bigo le aclaró desde muy temprano:

-Amigo tuyo, nunca. O va en serio, o ni me llames.

Nicole trató de evadir el reto. No por falta de respeto, más bien por miedo. La atracción era fuerte, más de lo que había sentido por nadie; y la seriedad que se proyectaba en esa unión, la ponía a la defensiva. Entregarse a un hombre tan seguro de lo que quería, y comprometerse... ¿No sería mentirle? ¿Podría mantener una relación por más de un par de meses? Se dejó llevar, y no se arrepintió. Al cabo de unas semanas, manejando hacia la casa de sus padres, Nicole le comentaba a Bigo que, dentro de poco tiempo, le gustaría irse a vivir sola. Él, sin dejar el volante ni desviar la mirada, le dijo que ese proyecto lo diera por perdido.

-¿Por?

-Porque vamos a casarnos.

Nicole enmudeció. Sintió como si alguien la encerrara en una jaula, y se deshiciera de la llave del candado, tirándola al espacio. No contestó. Lo miró para ver si era un chiste, pero Bigo mantenía su atención en el tránsito.

-¿Así no más? ¿Nos casamos y listo?

Bigo le acarició la rodilla y la miró de reojo: -¿Doblo a la derecha, o vamos por la autopista?

De repente la jaula parecía más amigable, la compartiría con un hombre apasionante. Igualmente, decidió callar. Además, Bigo no había preguntado, había decretado. Antes de cerrar la puerta del auto, él se inclinó: -Podés contestarme cuando quieras- le dijo en un tono más democrático.

-Llámame después de comer.

Entró a su casa pensando en cuál sería el mejor momento para darle la noticia a la multitud con la cual vivía. Era la segunda de seis hermanos. Cada dos por tres les presentaba un amigo nuevo, o un novio; ni ella se creía lo que estaba por contar. Esperó a la sobremesa y, justo antes de que se levantaran, en una voz muy baja, lo anunció: -Bigo dice de casarnos en marzo.

Los hermanos de Nicole no dejaron pasar la oportunidad.

-¿Cuál es Bigo?

-¿No es el iraní?

-No, idiota, ese se llamaba Putnik.

-Entonces debe de ser el croata.

-¿El croata no se fue a pelear alguna guerra?

-A lo mejor le escribió una carta, con huellas de sangre, "mi amor, deseo ser tu esposo… antes de morir, concédeme ese honor… uy, no… tarde… me dispararon… ¡aaahhhh!"

-Sos demasiado joven para casarte.

Ese fue el comentario del padre. Bigo le gustaba, era un hombre correcto, decidido, culto, y estaba encantado de que pasara a formar parte de la familia; pero la duda se centraba en su hija. Aunque tenía veintitrés años, había demostrado poca constancia con respecto a parejas.

El resto de sus hermanos se dedicó a hacer chistes, y a especular con respecto a cuánto tiempo pasaría hasta que cambiara de novio, y dijera que se casaba con otro; o que se iba a vivir al África. Todos excepto la madre, que se quedó sentada, esperando a que terminaran las bromas para conversar con Nicole. Era una mujer sensata, realista, y, como toda madre, conocía muy bien a quien tenía adelante. Hizo las preguntas exactas para cerciorarse de que Nicole sabía adónde se metía, y, aunque no quedó del todo satisfecha, entendió que era la primera vez que su hija estaba enamorada. El teléfono sonó a las once y media de la noche, en el horario en que acostumbraban hablar. Normalmente, en estos diálogos, evaluaban teorías, hablaban de filosofía, Nicole decía algo con total certeza, y él cuestionaba los fundamentos en los cuales se basaba. Pero en este llamado Bigo fue breve: -¿Y?

-¿Y, qué?
-Sabés de qué te hablo.
-Sí.
-¿Marzo?
-Sí. Dale, marzo.
-*Moi aussi.*
-No te dije que te quería, sólo que me casaba contigo.
-Por eso, yo también.

Esa noche, ambos durmieron sin necesidad de indagar en el concepto de la república de Platón, ni en los problemas mundiales. Tenían una vida para seguir descifrando los enigmas que se les presentaran.

En un par de fotos del casamiento es notoria la alegría que generó esa unión; no sólo en la pareja, sino también en la familia de Nicole. Todos están sonriendo, y uno de los hermanos sostiene un cartel en el que se lee: "¡Nos estamos perdiendo la final de Georgetown!"

La fecha había sido decretada por el novio, sin tomar en cuenta que la final de básquet iba a ser un partido inolvidable. Antes de ir a la iglesia, la madre tuvo que insistir para que los futuros cuñados de Bigo sacaran el televisor del medio de la sala, adonde estaba todo preparado para la recepción. Cuando Nicole llegó a la puerta de la iglesia, el amigo de uno de sus hermanos, que esperaba afuera porque era el "portero" designado, es decir, el responsable de cerrar el portón de madera cuando viera llegar el auto de la novia, se acercó a ella, y le preguntó:

-¿Sabés cómo viene el partido?

-Sí, pierde Georgetown y Patrick Ewing se lesionó. ¿Te parece que le pida al padre Francisco una radio para seguirlo? Ah, y... Paco, después de abrir, ¿podés tomar unas fotos? Parece que no viene el fotógrafo, y no veo nada sin anteojos... me voy a perder mi propio casamiento.

-¿En serio se lesionó Patrick?

Cuando se abrieron las puertas, según escribe Nicole:

Caminé junto a papá, rápido, sosteniendo LA FLOR, no el ramo, LA FLOR, como si fuera un premio, para arriba, tiesa,... todo mal. A mamá casi la infarto, y tenía razón, no hago caso... me había dicho mil veces, "del tallo, gordita, la sostenés suave y la dejás caer", era una sola instrucción. Además dice que me miraba, pero que yo no le respondía... ¡Es que no la veía!... La verdad es que no veía nada, ¡qué miope soy! Y ni hablar de lo insensible. Pensé que papá lloraba de la emoción, pero los gemidos eran de dolor; porque, sin querer, le enterré las uñas en el brazo... culpa de la manicura, yo nunca tuve una (manicura) y nunca tuve uñas... ¿Qué diferencia hacía que me casara con manos descuidadas? Papá hubiera estado mucho más cómodo.

Al llegar adonde estaba Bigo, él se acercó y le dijo en voz baja:

-Acá te quería ver.

Simulaba valentía, pero su palidez revelaba pánico. Cada vez que miraban el álbum de casamiento, Nicole le preguntaba lo mismo:

-¿Estabas asustado o mareado? ¿Ves que vos tampoco te querías casar?

-No des vuelta las cosas. ¿Cómo querías que me sintiera? Tardaste media hora en llegar a la iglesia, y yo me perdía el partido. Fijate la cara de tu padre, estaba igual de blanco.

-Eso no era por el partido, era por falta de irrigación al cerebro.

La vida que llevaron desde ese momento estuvo llena de proyectos. Cada uno avocaba horas interminables al trabajo, y gran parte del tiempo libre la pasaban bajo las sabanas. Él fijaba metas monetarias, ponía orden en el caos que a diario generaban los cambios de rutina de Nicole, y ella aceptaba encantada. Esa era una de las facetas de su marido, pero la contrarrestaba cuando la sorprendía con programas inesperados. Para los aniversarios, la uruguaya preparaba atrevidos atuendos de ropa interior, y Bigo ponía el resto de la ropa de ambos en algún bolso. Él decidía el destino, adónde celebrarían haber pasado un año mejor que el anterior. En una ocasión, los había pasado a buscar un taxi por el departamento, rumbo al aeropuerto. En la sala de espera supo que iban hacia el sur del país. Imposible descifrar si era Texas o Florida, hasta que la guió hacia la puerta que decía Miami. Cuando llegaron, no había auto alquilado, como en otros viajes. Los buscó un chauffer uniformado, y manejó por una hora. Bigo le preguntaba acerca del clima, de los restaurantes a los cuales podrían ir, haciendo caso omiso a las preguntas de Nicole con respecto al paradero final. A eso de las diez de la noche, entraron en un crucero privado, y pasaron allí cuatro días, navegando. El capitán trabajaba fuera de la vista de ambos, al igual que la cocinera. Únicamente la embarcación había sido testigo de lo que compartieron.

    Gracias al cambio de carrera, Nicole pudo acompañar a su marido en cuanto destino le surgiera. Como arquitecta, su trabajo en el exterior hubiera sido difícil de conseguir. Sin embargo, como computador científico, el campo de acción era bastante más virgen, y no tenía que ser homologado ni había requerimientos de revalidación. También la había ayudado el hecho de trabajar para una organización internacional. Después de su primer trabajo en Estados Unidos, recibió excelentes recomendaciones, y pudo ejercer en Londres, en Madrid, en París; y, desde hacía unos años, en Buenos Aires.

Capítulo IV

Adriana terminó arquitectura en Colombia. Obtuvo buenas calificaciones; no excepcionales, excepto en diseño, materia en la cual se destacaba por su buen gusto. Después de recibirse, trabajó un tiempo con una firma de construcción y, gracias a los contactos propios y los de su padre, no tardó en llenarse de proyectos. Cuando ganó una licitación para diseñar y construir un centro comercial en Bogotá, tomó la decisión de ampliarse y abrir una empresa. Contaba con suficientes conocimientos como para manejar el diseño y el desarrollo del proyecto, pero era conciente de que nunca había encarado uno de tal envergadura, y prefirió subcontratar una empresa para la construcción. Eugenio, no paraba de hablar acerca de esto:

-¿Impresionante, no les parece? Y tuvo que competir con firmas muy importantes.

A Adriana le encantaba que la halagaran; y ella, a su vez, alimentaba el ego de su padre, diciéndole que sólo trataba de seguir su ejemplo.

Estas conversaciones retorcían el estómago de José María, un primo suyo; ingeniero, y admirador enfermizo del tío. Solía ir a comer con ellos. Le encantaba el reconocimiento que, desde muy chico, Eugenio le brindaba por sus calificaciones y su comportamiento. Pero desde que se habían recibido, él y Adriana, esas veladas habían cambiado. José María se estaba cansando de oír las ponderaciones a su prima. ¡Cómo hubiera querido ser el hijo, y no el sobrino! Le costaba creer que su padre y Eugenio fueran hermanos. Su tío tenía dinero, contactos, era socio de los mejores clubes, y amigo de las personalidades más influyentes del país. Su padre, en cambio, había optado por la bohemia, y eso lo avergonzaba. Opinaba que, más que bohemio, era un ignorante; y le dolía que Adriana y el resto de sus primos, tuvieran una vida que, a él, se le hacía cada vez más distante. Había tratado constantemente de acercarse a Eugenio; y por esa razón había ingresado en la facultad de ingeniería, la carrera frustrada de su tío. Se destacó entre sus compañeros y tuvo unas cuantas ofertas de empleo mientras estudiaba; había hecho algunas pasantías, y se había recibido con honores y con aún más promesas de trabajo. Su prima se había destacado sólo en diseño; pero no académicamente, y José María no había podido entender cómo esa malcriada conseguía y mantenía los trabajos. Los logros de su prima lo habían llenado de desconcierto y de envidia; pero sabía que, para mantener el cariño de Eugenio, no podía ser transparente.

-Es usted toda una profesional, Adriana. La felicito. ¿Les comenté que...?

Adriana interrumpió. José María había sido una tortura desde que eran chicos. Tenían la misma edad, pero era lo único que tenían en común. Él no iba a fiestas en época de exámenes, y se mantenía al tanto de libros de historia o noticias internacionales; algo que a su padre le fascinaba. Robaba constantemente su atención con conversaciones de nivel intelectual; pero esta noche era ella quien iba a retener el protagonismo.

-¡José, es mi primer proyectazo! Buenísima la obra, ¿no le parece, papi? Y, siguiendo su consejo, empecé a buscar un constructor para que no se caigan, ni el cliente, ni el edificio.

José María la miró desconcertado.

-¡Pero si me tiene frente a sus narices, primita adorada!

Eugenio había alentado a Adriana para que evaluara la posibilidad de trabajar con su sobrino. Su hija había dudado de que el otro supiera asumir el rol de asociado y, menos aún, en un proyecto que ella había conseguido; pero quizás fuera la manera de tenerlo de capataz por un tiempo. Había aceptado con resignación, por complacer a su padre. Se reunieron unos días más tarde.

-Dígame una cosa, ¿por qué puso esa cara en la mesa? Y yo tan contento cuando supe que me tomaría en cuenta una famosísima arquitecta- Puesta en un pedestal, su prima era de lo más permeable. -Probemos con este proyecto. Si no le va, no renovamos.

Él tenía experiencia en trabajos del tamaño del que ella ahora debía encarar, y Adriana respetaba el conocimiento de su primo. Pero no confiaba en él, ni en sus razones para trabajar con ella. No se había recibido con las notas de José María, pero era más hábil comercialmente; y tenía una excelente capacidad de mando, como también una percepción muy aguda. Antes de empezar, había establecido una regla que asegurara un trato civilizado entre ambos. El que traía el negocio sería el jefe en ese proyecto, y tendría la última palabra. No dudaba de que ella traería la mayor cantidad; el centro comercial era uno de los tantos que tenía en vista.

Fueron socios por más de una década. Ambos de carácter emprendedor, y ambiciosos, llevaban adelante una organización que contaba cada vez con más empleados. El crecimiento de la empresa se daba gracias al afán que ponía cada uno en superar los esfuerzos del otro. El resultado beneficiaba a los empleados; y éstos, a su vez, se divertían observando la competencia. El punto más conflictivo era la administración de la empresa. A ninguno de los dos le agradaba la tarea; pero a la hora de hacer balances y de dividir ganancias, no tenían más remedio que sentarse a evaluar detalles y entenderse. Lo hacían con la intermediación del contador, a quien agotaban con sus discusiones y cuestionamientos. La rivalidad se acentuaba con respecto a Eugenio, aunque difícilmente se pudiera reemplazar a Adriana en el puesto de hija preferida. Con esta sociedad, ella le había terminado de probar a su padre que era una profesional capaz. Igualmente, José María usaba cuanta oportunidad tenía para tratar de demostrar que, si no fuera por él, su primita hubiera fracasado en la primera obra.

La relación con Ricardo había continuado durante todos esos años de la misma forma como había nacido. Adriana se había negado a aceptar las múltiples propuestas de matrimonio que él le había hecho; pero como no había roto la relación, él mantenía las esperanzas de convencerla alguna vez. Por cansancio o por bromear, en lugar de darle un no rotundo, una noche le dijo que quizás lo iba a evaluar. Este cambio había sido razón suficiente para que la invitara a comer al restaurante que ella eligiera. Celebraría el pequeño avance en su relación. Fue la última vez que salieron. A Ricardo lo encontraron en su casa, solo y sin vida, a la mañana siguiente. Según el informe de los paramédicos, que llegaron por el llamado del socio de Ricardo, la causa había sido un derrame cerebral. Adriana quedó muy trastornada, y se sintió culpable. ¿Por qué no había podido enamorarse nunca de él? ¿Por qué había tenido que esperar hasta ese momento para decirle que consideraría casarse? Podría haberlo hecho feliz con tan poco...

En una carta destinada a Nicole, que nunca envió, Adriana escribe:

Mi queridísima Nicole,

Por alguna razón, usted y yo ya no nos escribimos más; pero tengo una noticia muy triste y no encuentro con quien compartirla. Murió Ricardo, ¿se acuerda? Y quedé muy mal. ¿Qué será lo que me lleva a tanta reflexión? No deseaba su muerte, tampoco su desaparición. Fue un compañero fiel, un amigo de los que no se encuentran todos los días. Pero no derramo ni una lágrima. En la vida hay que seguir adelante, y si tengo que continuar viviéndola sin él, haré lo mejor que pueda. Era un buen hombre. Debí haberle dado la libertad para que encontrara otra mujer. Una que lo quisiera como se lo merecía. Fui egoísta. De eso sí que me arrepiento. Espero que me perdone.

Decidió tomarse vacaciones. Fue consejo de su primo. Le dijo que iba a ser la única manera de relajarse, y le prometió cuidar el negocio mientras ella estuviese ausente. Adriana había aceptado, no muy convencida; pero cuando puso un pie en el mar brasilero, se olvidó de su vida laboral, y de Ricardo. No llamó a la oficina ni una sola vez. Compartía el viaje con dos amigas, quienes la llenaron de actividades al aire libre. Se pasaban horas en colchonetas sobre el mar, jugaron tenis, armaron torneos de voleibol en la arena. Y de noche, salieron a bailar o caminaron por la playa. Fue el descanso que necesitaba; quizás más de lo que necesitaba. De a ratos pensaba en José María; e, inocente, sin noticias suyas y asumiendo que trabajaba como hormiga, le decía a sus amigas: -¡Qué primo tan, pero tan dedicado que tengo!

En su ausencia, José María había reasignado gran parte de los obreros de los proyectos de Adriana a los suyos; y, en poco tiempo, las obras encaminadas por su prima, se habían visto perjudicadas. A su regreso, había llamado a varios de los clientes, pero la mayoría dejó de tratar con ella. Se habían volcado a José María, la persona que llevaba varios días solucionando los conflictos. Desconocían que él mismo era quien los había ocasionado. Desilusionada, puso su mitad en venta; y, años más tarde, supo que la sociedad anónima, que había comprado las acciones, pertenecía, en un ciento por ciento, al primo. El mismo que la había puesto en jaque. Afectada aún por la tristeza, que a ratos sentía por el tema de Ricardo, y sacando fuerzas de la rabia que tenía por el engaño, aprovechó la crisis. Cansada de trabajar con alguien que le exprimía cuanta energía tuviera en su mente, se asoció a la empresa de marketing de su hermano. Resultó un cambio positivo; y, de no ser por el origen del mismo, hasta hubiera agradecido al responsable. Se quedó con la sensación de que ese sujeto no había sido castigado lo suficiente. La historia todavía le traía un sabor amargo.

Capítulo V

Nicole trató de ubicar a Adriana más de una vez, pero había sido en vano. El padre fue amenazado de secuestro; y cualquier dato suyo, o de su familia se mantenía en el mayor de los secretos. Por su lado, la colombiana también había perseguido rastros de su amiga, pero en Washington. Ignoraba que la otra se había mudado; y que, por su trabajo en el campo de seguridad informática, mantenía un bajísimo perfil.

Una noche, en la que Nicole hablaba con uno de sus hermanos por chat, recibió el pedido de una tal Adripeta. Pedía autorización para ingresar a su lista de amigos; seguía un mensaje:

-autoríceme... hoy retoma su pasado...

Normalmente se hubiera negado. Pero el nombre la intrigó. Se emocionó, sintió que la piel se le erizaba. Pero quiso estar segura antes de saltar de alegría.

-¿Sos Adriana, la hija de Eugenio?

-No, idiota, es la bruja de la ruana. ;) ¿¿Cómo está??

-Pregunto en serio, no necesito amigas nuevas. Si no sos la Adriana q conozco, te saco de mi lista

-¿Dizque tiene una lista? No me haga reír... ¿cuantos hay, 2? A q la otra es su mamá

-Jajaja. A ver si sos la q pienso... cómo se llamaba el profe de... ¿ agronomía?

-Agronomía no tuvimos. Me acuerdo del de cálculo :(Tenía un olor a GÜEVOS espantoso ☺

-Jajaja... ¿cómo se llamaba?

-AJI... FAJAD... algo así. Sucio... feo...terrorista, y oloriento.. puajjjjjjj

-ADRIANA!!!!!!!!!! POR FIN!!!!!!!!!!!

-Nicole!!!!!!!!!! ¿¿ADÓNDE ESTUVO METIDA??¿¿No tiene nervios??¿Ahora q' hacemos? Nos tenemos q ver!!!!! Mándeme una foto

A esta conversación, la siguieron algunos correos electrónicos, un par de llamados; y volvieron las carcajadas y las anécdotas. No tardaron en acordar el lugar y la fecha para el reencuentro. Nicole había aprendido a navegar unos años atrás, y convenció a Adriana para juntarse una semana en el Caribe.
-¿Reservo entonces?
-No, me mareo.
-Dale. Tenemos que vernos en algún momento. No podemos seguir con correos y chat.
Ambas querían estar un tiempo juntas, sin interrupciones, para retomar la amistad que habían perdido. Sentían una gran curiosidad por saber qué había sido de la vida de la otra. Adriana confesó que el plan, con una capitana tan novata, le parecía riesgoso; pero un mes más tarde se encontraron en el aeropuerto de Miami. Pasaron la noche en esa ciudad, y de ahí siguieron viaje a las islas Vírgenes, adonde tendrían por fin la semana de la que tanto habían hablado.

Hay varias fotos en el aeropuerto. Supongo que para ese momento ya tendrían cámaras digitales. No sé por qué lo noto; será por la cantidad, o por la secuencia. Es igual. Hay una en la que cada una de ellas está al lado de un señor, que porta un enorme sombrero mejicano, que les hace de techo; aunque se nota que tuvieron que agacharse, porque el hombre, de cachetes muy protuberantes, mide, según mis cálculos, no más de un metro treinta. En unas líneas de Nicole, leo:

Mirando estas fotos me doy cuenta de que ninguna de las dos quería dejar la adolescencia. Las imágenes no me parecen ridículas. Son, como todo lo que comparto con Adriana, un motivo para disfrutar; luego, para pensar, y al mismo tiempo, sonreír. Ahora... pobre tipo... con ese sombrero, ¡y nosotras dos colgadas de sus hombros! Hizo tanta fuerza que dejó escapar un gas. El olor se quedó atrapado en el sombrero... Fue difícil de aguantar; pero, cuando por fin vimos el flash de la cámara, Adriana y yo saltamos asqueadas. -¿Tomo otra?- nos preguntó el fotógrafo aficionado de turno. -No, gracias, puede retirarse. Oiga; y llévese al señor este al inodoro, si es tan amable-. Hubiera sido genial poder sacarle una foto al gordito del sombrero después de ese comentario. Tendría grabado el mejor retrato de una ofensa que jamás he visto.

    -¡Qué bien está! No cambió mucho. Un poco más madurita, pero nada grave. Cuénteme, ¿cómo está monsieur bigotes? Qué carácter tenía, ¿sigue igual?
    -Se afeitó, y sigue muy bien, gracias. No te cuento más, chistosa; ese truco ya lo conozco. No pienso confesarte mi vida sin antes haber escuchado la tuya.
    Adriana la miró divertida. La semana ya pintaba mejor de lo que se había imaginado. Su amiga era la de siempre, aunque algo más segura que antes; pero no dudaba de que la iba a quebrar. Y le entretenía el desafío.
    -Dígame una cosa, ¿cómo hizo para mantener su matrimonio tantos años? Mi familia, por ejemplo, en cuanto pisó suelo latino, se deshizo en cuestión de meses. Le pasó a mi hermana. Ella, toda feliz con su maridito en los *iunaited estates*, veintidós años de te-quiero-te-adoro, hasta que volvieron. Al año de estar en casita, ignorando, pues, la situación que se avecinaba, se pone su vestido de encaje, prepara las velas, descorcha el champán... Lista para celebrar el año de regreso; y el muy cretino del macho que tanto idolatraba llega a la casa, ni se saca el traje, y le arroja la noticia de que ya no la quiere nada. Que realmente nunca la quiso, o que eso era querer, y ahora sabía lo que era amar. ¿Se imagina la tragedia? No entiendo de qué se ríe. Resultó un aniversario de lo más triste. Mi hermana se tomó todo el champagne que quedaba en una de las botellas. La otra la estrelló contra la puerta, después de que partiera su amado. Se fue a dormir, borracha como un sapo. Y casi se le quema el encaje; porque, en su tristeza, se olvidó de soplar las velitas.
    Tuvo que dejar el cuento porque la otra ya no escuchaba una palabra. Ella tampoco podía mantenerse seria.
    -Toda una desgracia, pues. Y mi prima igual. Quince años en París, paseando de la manito por la Torre Eiffel, mirando la luna a través del Arco de Triunfo, se juran amor para toda la eternidad. ¡Espere marica, éste es mejor! Pues tan enamorados estaban, que el amor lo quisieron llevar de vuelta a su tierra natal... ¡No sigo! ¡Si no me oye, queda inconclusa la historia!

-¡Seguí! Pero por lo menos poné cara de tragedia... Si no, se me complica.

-¡A ellos también se les complicó! Casi ni había aterrizado el avión, cuando se abalanzaron para besar y saludar a todos los patriotas que habían ido a buscarlos. Así de felices estaban. Y siempre de la manito. Poco más y se dan de jeta contra el pavimento. Mi prima se tropezó con la escalera del avión, con tal de no dejar de tocarlo al muy desgraciado. Pero la muchedumbre que los esperaba logró apartarlos. Se lanzaron sobre la entrelazada pareja y, con los abrazos, separaron para siempre el eterno apretujón de manos. Mi prima, desesperada, buscó a su maridito. Era como una adicción, eso de que le apichurraran la mano. Y, busca que te busca, ve que la mano, que tanto extrañaba, ¡estaba tiernamente acariciando un par de nalgas de lo más duriticas... y que no eran las de ella!

Nicole y Adriana estaban tan compenetradas en el cuento, que ninguna de las dos se dio cuenta de que trababan a un centenar de personas, en cola para pasar por seguridad. Tuvieron que darse vuelta para entender de dónde provenían los comentarios tan hostiles. Al ver las caras de los frustrados viajeros, volvieron a reírse, cosa que enfureció a varios. Nicole, que años antes hubiera pedido perdón, miró fijo al señor que la empujaba. Se tuvo que contener. La imagen era patética: una cola interminable de mortales sin zapatos, despojándose de pulseras, aros, cinturones, abriendo computadoras y dejando sus celulares con cara de resignación.

-Bueno, no se ponga así. Ya me corrí. Qué humor tenemos, ¿eh? Debe de ser el olor a pata que lo tiene mal —y dirigiéndose a su amiga- Contáme ¿De quién eran las nalgas?

-Todavía son propiedad de la que ahora es la mujer del ex de mi prima. El se quedó pegado como chicle, y el chicle no lo soltó ni para ir al baño. Lo chistoso es que mi prima sigue buscando quien le agarre la manito. Dígame una cosa. ¿Usted sigue tan inteligente? ¿Y su mamá qué dice? ¿Le contó que nos habíamos encontrado?

-Sí, sí, mamá está encantada. Te manda muchísimos saludos. Pero me quedé pensando en tu prima. Pobre, ¿sigue sola?

Nicole miraba a su amiga con curiosidad, y no podía creer que habían pasado tantos años sin verse. ¿Cómo había podido vivir sin ella por tanto tiempo?

Llegaron a destino con el mismo ánimo durante todo el camino. Se acordaban de una anécdota tras otra. Hicieron el trayecto del aeropuerto a la marina junto con otra decena de personas quienes, al oír el diálogo, les empezaron a preguntar más detalles, y terminaron tan divertidos como ellas. Un pasajero, que viajaba con otros tres amigos, sugirió que cambiaran el barco que habían alquilado por uno más grande, y que navegaran todos juntos. Ambas le agradecieron, pero le aclararon que este viaje era muy importante para ellas, que habían descubierto que se amaban locamente, y que querían estar solas para compartir horas y horas de sexo desenfrenado.

-Con más razón- dijo otro del grupo -reitero la invitación de mi amigo.

El resto de los pasajeros se sumó a la oferta, sugirieron cambiar a un crucero privado. La conversación pasó de una broma a otra, y hasta el chofer pidió que, de propina, le dejaran ser el capitán del crucero, bautizado por los pasajeros como *El Trasatlántico del amor*.

Capítulo VI

Al bajarse en la marina, Nicole sintió cosquillas en todo el cuerpo. Estaba en el ambiente que más disfrutaba, a punto de navegar por aguas azules y turquesas, con alguien que la divertía, y en un entorno que le daría muchos momentos de silencio, interrumpido únicamente por los ruidos del golpeteo del mar contra el casco del barco, y por el viento. Iba a ser difícil aguantar hasta la mañana siguiente para soltar amarras. Por un momento se olvidó de todas las preguntas que tenía con respecto a Adriana. Le costaba enfocarse en otra cosa que no fuera preparar el velero. El nombre le encantó. No importaba cuánto tiempo iba a estar navegándolo, el nombre de un barco siempre le sería importante; cada uno asumía una personalidad distinta al ser bautizado. Se convertía en un ser vivo, más o menos atrevido, veloz, o panzón y perezoso, o tramposo... En fin, a un costado de la popa, se leía *Navenganz*, nombre que la hizo pensar en el objetivo de su viaje... de su vida. No a la venganza, pensó, qué acertado. Estaba absorta, cuando sintió un golpe en la pierna. Adriana la había pateado para que reaccionara. Su amiga se distraía en los momentos más insólitos, justo cuando ella empezaba a sentir náuseas. Todavía no se habían subido al barco, y ya dudaba de haber aceptado semejante viaje. ¿Sabría Nicole cómo controlar ese pedazo de bestia flotante que tenían enfrente?

-No pongas esa cara. Hacéme un favor. Fijáte si adentro está funcionando la heladera. ¡Subí con los dos pies, idiota! Si el barco se mueve para adelante, voy a tener que llevarme una pierna para que la hagan fiambre.

Darle órdenes a la rebelde de su amiga no iba a ser fácil. Pero tenía que ocuparla en algo o estaría mareada al minuto de salir. Si esa táctica fallaba, siempre tenía el recurso del aguardiente, para que no notara, o no le importara el movimiento... Subieron los bolsos, Nicole recorrió el barco de proa a popa, tratando de entender qué lugar ocupaba cada una de las maniobras. El que navegaba en Buenos Aires era bastante más chico, y este la impresionaba un poco. En el *Navenganz,* el timón era de rueda; y el largo, la eslora, dos veces el suyo. Tenía piloto automático, compás y ecosonda a la vista, enrollador para que la vela de proa se pudiera manejar desde el puesto de capitana... Por un momento pensó en su marido, y en cómo le gustaría compartir este momento con él. Cuando cumplieron veinte años de casados, al igual que años anteriores, la había sorprendido con una semana en un velero similar al *Navenganz,* y habían coincidido en que eran las vacaciones ideales. Habían pasado de una playa a la otra, sin más equipaje que dos trajes de baño cada uno, un par de remeras y otro de shorts. Se despertaban temprano, desayunaban en el barco, nadaban, y levantaban el ancla un par de horas. Al mediodía fondeaban en otro lugar; tan espectacular, o mejor al que habían dejado. Leían, hacían el amor, jugaban a las cartas, dormían siesta, hacían el amor, a veces se preparaban una picada, o se acercaban a tierra para comer en algún restaurante. Antes de dormirse, Nicole marcaba el rumbo para la navegación del día siguiente. Despedían la noche tomando un Bailey's; Bigo fumaba un habano; ella, un cigarrillo; y se acostaban, exhaustos, para iniciar la misma rutina, apenas saliera el sol.

Nicole puso a un lado la melancolía, y miró divertida a su amiga, que trataba de disimular los nervios. Sintiéndose un poco culpable por el egoísmo de haber insistido en ese viaje, la invitó a bajar a la cabina. Se convirtieron en un par de colegialas: abrieron cuanta puertita encontraban, se pelearon para ver quién dormía en qué lugar, jugaron con el inodoro, y Adriana comentó que el papel higiénico no iba a ser suficiente. Nicole dijo que el tapizado le recordaba al mantel de un restaurante barato, adonde la había llevado un novio marroquí a comer cuscús.

-Triplique pues la cantidad de papel higiénico.

Dijo que ya no iba a poder sacarse esa imagen de la mente, y que cada vez que mirara el tapizado, le iban a dar ganas de evacuar. Se sentaron a armar la lista para la proveeduría de la marina. Línea por medio, Adriana anotaba las iniciales p.h.; y, al costado, un dibujito de un inodoro, un traste con los pantalones bajos, o una persona arrodillada al lado, con el dedo en la boca. En ésas estaban, cuando escucharon que alguien saludaba en inglés. La colombiana dio un salto, y chocó con el techo.

-Hello, ladies. Need any help?

Se dio vuelta, y tuvo la sensación de que se iba a hacer pis, si lo que tenía adelante se movía.

-Oiga, Nicole, ¿contrató una panza para hacer de marinero, o lo que acaba de entrar es el jamón crudo y se olvidó de cortarle la cabeza?

-No, idiota, debe de ser de la marina- y, adelantándose para esconder la cara de su amiga, le extendió la mano al intruso.

Nicole estaba a punto de agradecerle la visita, pero Adriana se asomó por detrás de su hombro:

-Yes, mister barrigón, estamos muy okeis; nau ¿puede irse, antes de que esa protuberancia nos obstruya la exit?

No había posibilidad alguna de que el hombre interpretara, de manera positiva, el estallido de carcajadas. La panza giró enojada, dando lugar a un enorme trasero que asomó del otro lado. Éste a su vez, y por suerte, estaba cubierto parcialmente por un par de bermudas muy ajustados. Todo: la panza y el trasero iban sostenidos por unas piernas desconcertadamente delgadas. Ron era de la empresa que alquilaba los barcos, y se había acercado para ver si necesitaban algo, para contestar alguna pregunta que tuvieran, y para darles el reglamento de las islas. Se marchó maldiciendo su trabajo. En general, la clientela lo frustraba con preguntas absurdas, pero se mostraban cordiales, contentos de verlo. Cuando dejó a Adriana y a Nicole, deseó que el Navenganz se perdiera en el Atlántico. Le iba a costar ayudarlas el sábado cuando volvieran, o atenderlas si hacían algún llamado por radio.

El resto de la tarde transcurrió en forma muy tranquila. Fueron de compras, volvieron a ordenar todo con las indicaciones de la navegante, quien insistió en poner cada cosa en algún lugar seguro y seco. Guardaron la ropa y, antes de dormir, se prepararon una picada con queso brie, salame, maní tostado, y abrieron una de las botellas de vino Argentino que había traído Nicole.

Capítulo VII

A la mañana siguiente, partieron, sin problemas; y sin la ayuda de Ron, que las miraba desde lejos pero que no pensaba acercarse. Nicole prendió el motor, Adriana soltó las amarras de proa, Nicole hizo lo suyo con las de popa, y el Navenganz se deslizó suavemente hacia la salida.

-Bye, bye, Mr. Panza... ¡nos vemos el saturdei!

-No seas mala. Míralo... está haciendo un puchero enorme.

La salida estaba bien señalizada, y Nicole sintió que dominaba la situación; al menos por el momento. Siguiendo sus indicaciones, Adriana le mostraba las distintas boyas, y servía una copa de vino a cada una para celebrar la partida.

-La botella entera antes de almorzar... ¿no le parece una imprudencia? ¿Desde cuando le agarró tanto amor por el alcohol?

Nicole no tomaba mucho, y era la primera vez que lo hacía tan temprano. Sintió que se mareaba, pero no dudó en que, con unas galletitas, se le pasaría. Una vez levantadas las velas, probaría el piloto automático, mientras bajaba a buscar algo para llenar el estómago.

-Tirá de ése... el cabo azul con blanco... bueno, el cordón... da igual. Adri, a la derecha tenés la palanca que te dije. ¡Así no, que perdés fuerza...! ¿Te podés sacar la palanca de ahí, ridícula?

Lograron levantar la mayor; Nicole apagó el motor, ajustó bien la vela para que el barco tuviera el rumbo correcto, y puso el piloto automático. Se sentía una navegante de lo más experta... y se dispuso a bajar... tenía que ir al baño... Siempre tenía que ir al baño, eso alguna vez lo vería con un médico... o con un psiquiatra. No parecía normal. Adentro se distrajo mirando en la heladera, dudando qué comer para calmar un poco el efecto del vino. Empezó a abrir una bolsa de papas fritas, pero se detuvo. Sintió que el barco cambiaba la forma de navegar. Se enderezaba..., se frenaba... Subió, y la vio a Adriana, girando el timón del barco, jugando a los autitos chocadores, como un chico.

-¿Adónde suponés que nos llevás, bestia?
-¿No me dijo que tenía el piloto automático?
-Pero apenas tocás la rueda, se desactiva... ¿te parece divertido?
-No. Me parece aburridísimo. Es como estar en una balsa, ¿abrimos la otra vela?

Con su orgullo herido, pero entretenida por la propuesta, Nicole volvió al timón y Adriana tiró esta vez del cabo verde que le señalara. La vela de proa se desenrolló, y se abrió sin problemas, elevada hasta el tope. Adriana se dio vuelta para preguntar qué hacía con el cabo restante y, en ese mismo momento, tuvo que soltarlo, porque la vela, recién izada, cayó al agua como haciendo una reverencia al mar, y el impulso del cabo le quemó las manos.

-¡Andá y levántala! ¡Sácala del agua, volando!
-¿Y por qué se metió ahí? ¡Grítele a la vela, no a mí!

Adriana corrió a proa, tambaleándose, mientras su amiga prendía el motor, y le seguía dando instrucciones.

-¡Agarráte de algo firme que te caés! ¡Apuráte que la vela se está...!
-¡Una orden más, y me tiro al mar con la dichosa y desobediente vela!
-¡No te oigo, ESTOY CON EL MOTOR!

Adriana se arrodilló en proa, miró a su amiga juntando las manos en gesto de rezo, pero desistió cuando vio que Nicole, impaciente, se preparaba para dejar la dirección del *Navenganz*. Se dedicó a levantar la vela. Logró hacerlo, no sin dejar parte de su pulmón en el camino. Todavía arrodillada, giró hacia popa y levantó los dos brazos en señal de victoria. Nicole la imitó, con tan mala suerte que, en ese mismo instante, una ola golpeó el costado del barco y una parte de la vela volvió a caer.

-¡Atála para que no se mueva más!

Imposible seguir gritando. Su amiga hizo un cuerpo a tierra, digno merecedor de un Oscar, se abalanzó sobre el velamen, y lo abrazó con todas sus fuerzas. Nicole no pudo contenerse. La risa aflojó su cuerpo, y es ahí donde recordó lo que no había hecho al bajar. Sin dejar el timón, por miedo a dar contra otros dos veleros que navegaban cerca, y sin oír lo que le gritaba la víctima de proa, se arrepintió de no tener un balde, y de no estar sentada en él para evitar el desastre. Aliviada del líquido, que había retenido hasta entonces, detuvo la marcha, y se fue a proa para ayudar con la vela, y amarrar el barco.

-Te dije que la ataras y volvieras.

-Cómo soba, carajo. Dígame, ¿con qué se suponía que lo hiciera? Yo, preguntándole; y usted, muerta de risa... como ahora, con esa cara de idiota...

Adriana se volvió a popa, enojada y adolorida. Se había golpeado varias veces cuando se tiró a abrazar el paño; al caer, las rodillas habían dado contra algo duro, y muy frío. Prefirió irse, antes de matar a su amiga. Nicole siguió arreglando el desorden, tratando de entender qué había pasado. Nunca había visto algo semejante; las velas no se venían abajo de esa forma. Estaba absorta, pensando y revisando cada tramo de la maniobra, cuando oyó un grito. Estuvo a punto de perder el equilibrio.

-¡MUGRIENTA! Deje la cosa esa y venga a secar el capitana's asient. Encima se burlaba de mí... en vez de bikinis, debería de usar pañales... ¡cochina!

Con un balde, y mucha fuerza de voluntad, porque la risa de su amiga y la propia le jugaban en contra, Nicole limpió el embarazoso charco. Mientras tanto, oía los despreciables comentarios que le hacía la otra, parada al lado del mástil sosteniéndose las costillas.

El lugar al que llegaron era distinto al que habían programado: pero, cuando pudieron sentarse a mirarlo, quedaron mudas. Era una bahía muy chica, envuelta en una playa, con arena asombrosamente blanca, y bañada en agua transparente. Ahora que se habían calmado, podían disfrutar del silencio que las rodeaba. Decidieron quedarse. Se tiraron con las colchonetas al agua, y aprovecharon para continuar con sus historias.

-Páseme la crema baby, y cuénteme de su amadísimo Bigots. ¡Cómo nos regañaba! Y eso que no lo conocí mucho. Casi que nos prohibía reír. ¿A que es de ésos que la golpea, y a usted le gusta?

-Sí, me cachetea, y después me viola... todas las noches... me encanta. Pero esperá, todavía me tenés que contar por qué esas vacaciones tuyas, después de la muerte de Ricardo, fueron tan reveladoras.

-¿Cómo que la viola todas las noches? ¿Todavía da para tanto a su avanzada edad? El rol de víctima a usted le divierte, ¿no? Es una pervertida... siempre lo debe de haber sido, pero se escondía detrás de sus anteojos tan a la moda.

Nicole no insistió. Ya se enteraría. Cerca del *Navenganz*, estaba fondeado un catamarán. No se veía a nadie en cubierta, y casi no se había movido desde que habían llegado. Era común, según se acordaba Nicole de su viaje anterior, que la gente tomara el chinchorro y se fuera a la costa para almorzar, o para darse una ducha. Siempre había querido saber cómo eran por dentro. Miró hacia la costa, y no vio ningún tipo de embarcación acercándose. Le pidió a Adriana que la acompañara. No tuvo que insistir mucho. La otra acercó el bote auxiliar y se subieron tal cual estaban, en bikini; con las copas, para no desperdiciar el trago...

Hay como diez fotos de esa exploración, si así se puede llamar. En una están las dos brindando, sosteniendo un par de pantalones. En otra, Adriana, fingiendo fumar un habano apagado. En todas, con la copa en la mano. Hay una de Nicole midiendo con su mano el largo de un escalón. La leyenda, en varias de ellas, hace referencia a un tal "Do-Gor". Una es de un trapo blanco, chiquito, colgado en el guardamancebos de cubierta; atrás se lee "media secándose al sol... previamente almidonada, por la asquerosa autosatisfacción del propietario".

El catamarán sería de unos cincuenta pies de eslora; y, tanto por su largo, como por su ancho, tenía el aspecto de ser muy cómodo. En la parte central había un estar con la cocina, un bar, tragos de todo tipo, vasos esperando ser lavados, y un cenicero con restos de habanos. Asumieron entonces que había, por lo menos, un hombre en la tripulación, y se apuraron para ver que tamaño y edad tenía. De los cuatro camarotes, sólo tres estaban ocupados y, por la ropa que veían, no había mujeres. Nicole levantó unos pantalones y los miró detenidamente.
-Adri, qué te parece... a que el dueño de esto está desnudo. Mirá, me lo imagino perfecto... llegaron al barco los tres, o los cuatro, o los seis... a lo mejor duermen en tres cuartos, porque son parejas... No sé cómo serán los otros; pero éste es tan gordo que duerme en el living, y tira la ropa sucia por la escalera. Como la valija de arriba esta vacía, y este cuarto está lleno de ropa tirada, el hombre anda

desnudo por ahí, y sus amigos no le alcanzan la ropa para que adelgace de una vez por todas, y les libere el lugar de estar...

-Pero mi queridísima investigadora, explíqueme por qué el resto de la ropa tiene un tamaño normal.

-Porque el gordo trajo un pantalón solo y el resto es de su novio... todo empezó cuando armaban la valija antes de viajar. Podían traer solamente una, y el novio del gordo ya la había llenado con sus cosas... Le dijo al gordo que estaba castigado, y que debía viajar con un solo pantalón, porque no había cumplido con el régimen de comidas, y que ya estaba harto de verlo así. El gordo no tuvo la energía para discutir, y le dio igual, porque va a adelgazar. Durante el viaje, robaría la ropa a sus amigos. Como el rechoncho no pudo pasar por la escalera, lo hicieron dormir arriba, con su amado. Todo estaba de lo más bien, hasta que se pelearon... porque el gordo se comió un chocolate entero sin convidar. El novio, enojadísimo, tiró el pantalón por la escalera y le dijo, "te quedás así desnudo hasta que puedas bajar sin atascarte." El resto del grupo trató, en vano, de amigarlos, o de llevarle el pantalón a escondidas. No les agradaba el espectáculo. Ofendido de ser el único desnudo, el gordito le tiró la ropa al otro; y, después, le bloqueó la bajada a la escalera...

-¡Y por eso no hay nadie en el barco! Cansados de la pareja nudista, los otros los arrojaron al mar. Con tal mala suerte, que la parejita dio un manotazo antes de caer, y terminaron todos en el agua. Como no habían tirado el ancla, la cual no necesitaban por razones obvias, cuando cayó el gordo, el barco se alejó, y vino a parar acá.

-¿Te das cuenta? Sherlock Holmes nos tendría que haber contratado.

Dejó el pantalón sobre la cama, tomó el brazo de Adriana, y ambas se dirigieron al camarote de al lado. Vieron por lo menos ocho medias tiradas. El lugar estaba igualmente desordenado como el otro... y que el barco en general. La colombiana tomó una de las medias, se la llevó a la nariz, y comentó que, si un hombre tenía olor a patas, no era digno de ser conocido; pero la soltó de inmediato con cara de asco.

-¡Está almidonada!

Nicole, que había agarrado otra, la revoleó al instante, con tanta mala suerte, que le dio en la nariz a su amiga. La escena de Adriana, con una media llena de espermas en la cara, fue más de los que pudo aguantar. Se apoyó al respaldo de una silla, torciendo las piernas para no dejar allí el mismo charco que dejara anteriormente en el *Navenganz*. Pero las caras de su amiga, y los nervios le jugaron en contra.

-¡Corréte, ¡corréte! ¿Adónde hay un balde?... Tenías razón, la próxima viajo con pañales...

Si corría rápido a cubierta y se tiraba al mar, podía prevenir el desastre. Pero, al darse vuelta para iniciar el recorrido, se encontró con el primer obstáculo. Un hombre parecido a algún actor. ¿A quién se parece? Lo tengo en la punta de la lengua. El actor le agarró la mano y habló.

-¿En qué quedamos, balde o pañales? Si es balde, tenemos uno con champagne arriba, esperando ser abierto y compartido. Ustedes pueden ser las privilegiadas, si nos explican qué hacen acá.

Tres hombres, uno mejor bronceado que el otro, empapados, y cubiertos únicamente con traje de baño. Las miraban, divertidos, desde la puerta del camarote. Uno de ellos, el que había ofrecido el champagne, llamaba la atención: tenía la cantidad justa de canas, unos ojos negros que hablaban por sí solos, y un parecido a… Nicole se acordó. ¡Robert De Niro, era ése! Robert las miraba fijo, no sonreía.

-Mire pues, sé que no va a entender, y que quiere regañarnos como niñas, pero mi amiga necesita evacuar una duda urgente... Si no nos deja ir, esa duda les va a quedar de recuerdo... vamos meona...

Adriana se adelantó, y trató de que De Niro se moviera. Nicole la seguía tan de cerca que chocó con la espalda de su amiga, cuando ésta tuvo que frenar porque ninguno de los tres les abrió paso. Nicole iba a perder nuevamente el control de sus funciones corporales, y lo haría frente a demasiadas personas. Estaba a punto de gritarles a todos para que la dejaran pasar, pero vio que a su izquierda estaba el baño. Antes de que nadie pudiera reaccionar, se tiró adentro, y cerró la puerta. El silencio afuera era absoluto.

-¡Sigan charlando! Adriana, explicales que somos del servicio de limpieza, y pediles que te den el detergente... Ah, no, pará, ya me acuerdo. Está arriba, al lado de las copas sucias. Empezá a lavar, que yo subo en un ratito.

No oyó nada más. Cuando subió, los encontró a todos, incluso a Adriana, sentados, charlando de lo más amigablemente. Le ofrecieron un lugar.

-Sentate tranquila; preferimos el servicio de charla, y no el de limpieza

Otra vez el actor, con quien Nicole empezaba a sentirse nerviosa. No le podría contar esto a Bigo. Especialmente si se lo tenía que describir. Era demasiado atractivo; y, por ende, peligroso.

-Adriana, en serio, creo que el ancla no quedó bien fijada. Gracias igual, a lo mejor nos encontramos en otra playa.

-No, señorita... o señora. Así no la arreglás. Entrás en mi barco sin permiso; no pienso dejarte ir de la misma forma. Ni a ti, ni a tu amiga; que, por lo que veo, no tiene intenciones de levantarse.

Nicole miraba a la otra, suplicándole que la apoyara, pero no obtenía respuesta. Trató de ser un poco más clara.

-Tengo que irme de este barco por varias razones... Para empezar, es el tuyo, no el mío; y el mío creo que está por irse a España si no lo fondeo como Dios manda. Por otro lado, tengo reservados estos días para charlar únicamente con mi amiga, a quien no veo desde que tenemos veinte años. Para terminar, estoy tremendamente casada; y si me quedo con un señor tan espectacular, esta parte del cuento la voy a tener que omitir al volver a casa.

-Señores, mi amiga tiene razón. Esta semana tiene un objetivo, y no podemos desviarnos. Disculpen las molestias y muy rico el trago. La próxima vez, invitamos nosotras.

Adriana se paró, tomó a Nicole por la mano, se despidió de cada uno con un beso en la mejilla sin soltar a su amiga, y la guió hacia la salida adonde, por suerte, continuaba el chinchorro, esperando para llevarlas al Navenganz.

Iannis las siguió con la mirada, al igual que los otros dos. ¿Cuánto habrán visto? Por lo que dijo Adriana, sólo habían entrado a los otros dos cuartos; pero, ¿quién podía creerle? Nicole lo había mirado con una cara muy extraña, o estaba muy susceptible... Además, no las conocía; y no tenía por qué verlas más. Entró y buscó el libro de autoayuda que escondía de sus amigos. Esta vez no lo abrió. Ya no lo necesitaba. Quería volver a su casa, a su familia, cuanto antes. Dejó el libro, y se sirvió un Bailey's...

Nicole volvió encantada con su propio comportamiento. Qué fácil hubiera sido sentir esas cosquillas que dan los primeros instantes de un flirteo... y qué difícil si, después, tuviera que apagar el incendio... Sonrió. ¡Grande, nena!, pensó; y fue directo a servirse un Bailey's...

Adriana la miraba desde su camarote. Me mata; si sabe, me mata...

-Adriana, ¿qué les explicaste? ¿No te preguntaron qué hacíamos ahí?

-¡Oiga!, ¿se fijó si estaba bien el ancla? Tengo frío, debemos estar por Groenlandia.

El barco quedó bien fondeado; y se sentaron a mirar el atardecer, con un cansancio que las dejó calladas. Nicole tenía mil cosas en su cabeza, pero se concentró en solucionar de una vez lo sucedido con la vela. Recorrió cada milímetro del cabo que no la había sostenido. En un instante pudo entender dónde estaba el problema... Estuvo a punto de explicarlo, pero se le ocurrió que su amiga lo entendería mejor al día siguiente. Volcó sus pensamientos hacia Bigo, a sus años de casada, y al atardecer rojizo que tenía enfrente… Cada tanto, su mirada se desviaba hacia el catamarán. Adriana fue a buscar su bloque de dibujo; y se aisló en él, sonriendo. Ninguna de las dos salía del asombro. Por fin estaban juntas, después de tantos años. Ambas tenían muchas cosas para decirse. Era un lujo contar nuevamente con una amiga que entendiera, y que le diera humor a las cosas que, en otros momentos o con otras personas, eran casi tragedias. Adriana cerró el bloque y declaró que el primer día cocinaría ella. Nicole le agradeció; pero también le dijo que no sólo sería así el primer día: que ella no pensaba tocar una olla en ninguno de los restantes.

-¿Quién dijo ollas? Yo cocino sin tocar el fuego. Espere y verá.

A la media hora, subió con un cebiche, y dos copas de vino blanco.

-Mañana usted se dedica a navegarlo a motor; porque las dos botellas están abiertas, y prefiero aprovechar el vino, no el viento.

-Hagamos las dos cosas... traé la botella...

No pensaba tomar un trago más. Tampoco iba a navegar con el ruido, ni la vibración del motor. Se las arreglaría para tirar el vino al agua.

Iannis, que ya iba por la tercer copa de Bailey's, miraba hacia el Navenganz. Tomó sus binoculares y vio que las dos charlaban muy divertidas en el cockpit. Pensó en su mujer, y en sus hijos... ir a verlos, decirles cuánto los quería... pero no sin antes visitar a Nicole. Era un hombre de cincuenta y siete años, y desde los veinte estaba dedicado a la aviación. Había sido piloto comercial de una aerolínea argentina hasta que cumplió cincuenta. Entonces se retiró y compró un avión chico. Ofrecía viajes cortos a empresas y a particulares; con lo cual seguía volando, pero manejaba sus horarios. Se podía dar el lujo de hacerlo por placer, sin copilotos ni un centenar de pasajeros. Unos años antes de retirarse, su vida había cambiado de rumbo. Lorena viajaba seguido por trabajo, sus hijas habían empezado el colegio, y él... a buscar consuelo. Lo consiguió en una azafata con quien venía conversando muy amigablemente desde hacía tiempo. Una cosa había dado paso a la otra, hasta que entabló una relación demasiado estrecha, y estuvo a punto de destruir su matrimonio.

La nota que encontré con respecto a este episodio dice:

Según él, lo de la azafata, se había tornado en una relación "demasiado estrecha". Para mí está claro, estrecha significa que se tocaron y mucho; estrecha..., o sea..., carnal. Y, para llegar a eso, salvo que estemos hablando de una sexualidad paga, hay un acercamiento como persona. La magnitud puede cuestionarse, no así el resultado. Es siempre el mismo; lo malo es que no podamos descifrar cómo evitar estos engaños. Sería bueno que los adultos pudiéramos comportarnos como lo hacen en la serie "Friends". Es decir, una mujer casada conoce a un hombre que la atrae, y, en vez de alimentar la fantasía, debería ir directamente a su marido y decirle: "Gordito, necesito unos meses para sacarme la calentura de encima. No sabés lo fuerte que está ese tipo. Pero no cortemos lo nuestro, sólo dame un tiempito. Seguro que se me pasa"... Y listo. Entonces el marido recibe novedades del affaire, hacen chistes al respecto mientras comen el postre; y, al cabo de dos o tres meses, ella se despide del otro, y todo queda como una anécdota en la pareja, fortalecida por los terceros. Así nadie se miente de que está enamorado, que un marido finge besar a su mujer, pero realmente desea a otra. Una locura, ¿no?

Iannis se trataba de convencer de que ese error, con la azafata, había preservado a la familia. Su mujer lo había descubierto, y él le había prometido terminar. Hoy su vida se dividía entre horas de vuelo, salidas con matrimonios amigos, poquísimas vacaciones familiares, y algún que otro recreo con la azafata; lo mantenía oculto porque, aunque no era importante, en su casa le darían mayor trascendencia de lo que tenía. Peor aún, Lorena le prohibiría seguir viéndola, sin entender que era sólo diversión lo que buscaba. Desde hacía una década repetían cada año la navegada por el Caribe con sus amigos. Por lo general eran ocho, pero en esta oportunidad iban a ser sólo seis. Los otros llegarían en unos días. Hasta esa tarde, el viaje había transcurrido como los anteriores, sin sorpresas. En la mañana habían nadado a la playa más cercana para hacer algo de ejercicio; les había resultado bastante más agotador de lo que se habían imaginado, por lo que habían tenido que esperar a que alguien de otro barco los alcanzara. Sonrió al acordarse de la cara de Nicole y de su amiga cuando las habían sorprendido. Por alguna razón, no le importó que estuvieran ahí, burlándose de cuanta cosa encontraban. Lo que no terminaba de creer, y lo ponía inquieto, era la explicación o, mejor dicho, la historia de la amiga. Ese cuento, y las palabras de la charrúa al rehusar quedarse eran razón suficiente para querer verla de nuevo. De una cosa estaba seguro, el *Navenganz*, esa noche, no se iba a ningún lado. Conseguir una excusa para acercarse era lo único que lo frenaba. Vio cómo Sebastián y Álvaro tomaban una copa detrás de otra, y analizaban el rumbo del próximo día... Entró directo a su cuarto, sacó un habano, se puso ropa seca, y, sin decirles nada, se dirigió al barco de las intrusas.

Nicole estaba muy tranquila, escribiendo, cuando oyó el ruido del motor. No veía bien quién era. No solía tener miedo, ni pensaba empezar a tenerlo en ese momento. Le daba pereza atender a alguien a esas horas y en ese lugar. ¿A quién se le ocurre interrumpir una calma semejante? Cuando vio a Iannis, se sonrojó, y rogó que no lo notara.

-¿Qué dibujabas?

-Sólo te contesto porque me siento culpable de haberlos espiado. Además, porque no puedo creer que, justo, estaba dibujando un avión y apareció un piloto. Hasta me puse toda colorada. Decíme que no te diste cuenta.

La espontaneidad de Nicole lo refrescaba todo. Qué simple parecía ahora el encuentro.

-¿Puedo subir? Tengo miedo de que aparezca un tiburón. Vine porque dejé esta misión inconclusa.

-Y la misión es...

-Entender bien el concepto que diste, antes de borrarte. De lo contrario, no puedo volver a mi familia, no puedo dormir, no puedo comer, no puedo hablar con mis amigos, no puedo...

-Bla, bla, bla... parecés una mujer quejándose de que su marido no la escucha, ¿qué parte no te quedó clara?

-Entendí que estás casada, y que te querías ir para estar sola con tu amiga. Lo que no me queda claro es por qué agregaste lo otro... o no me queda tan claro... que si te quedabas era algo que no podrías contarle a tu marido.

-Entonces no sos tan inteligente como me pareció. Tengo que aprender a juzgar mejor a las personas. Así, nunca voy a dejar de desilusionarme cuando creo que alguien puede ser de una forma y después...

-Te estás desviando del tema.

-Estamos en mi barco. Acá, las reglas las pongo, o las quiebro, yo.

Lo miró fijo, seria por un segundo; y, luego, con una dulzura poco usual en ella. Iannis sintió que un relámpago pasaba por su espina dorsal. No iba a ser fácil mantenerse objetivo... se estaba mintiendo una vez más.

-Te aclaro lo que quise decir. Si yo me quedaba un rato más en el barco, después de haberlos visto, en especial a vos, que sos un espectáculo de buen mozo, cuando volviera a casa, mi cuento tendría que ser "... y Adriana y yo vimos unas medias almidonadas, y salimos asqueadas... antes de que aparecieran los pervertidos tripulantes del barco...", y nada más. O tendría que callar el episodio por completo.

Iannis se había quedado con el halago, y no escuchaba nada más. La observaba, tratando de averiguar qué era lo que más le gustaba. Su naturalidad, su vestir tan simple, o su charla y su sonrisa, que taparía si la besaba, para después seguir escuchándola...

-No te explico si no te concentrás... Por ejemplo, cuando vuelvas a tu casa, ¿pensás contarle a tu mujer que viniste a vernos, a charlar, con un habano en la mano; o vas a ocultarle todo? Si es lo segundo, es claro que tenés que arreglar el vínculo o deshacerlo. Pará... ¿cuantos años llevas de casado?

-¿Cómo sabés que estoy casado?

-No seas tan rioplatense, dijiste mi familia. Si estuvieras separado, hubieras dicho "mis hijos".

Se la comería entera. Era cada vez más deliciosa; y su marido, envidiable. ¿Cómo hacía para estar casado con una mujer tan independiente?

-Rioplatense, no. Griego. No te confundas. Estoy casado hace quince años.

-¿Cómo la conociste?

-Si te digo que soy yo el que vine a hacer las preguntas, ¿te callás un rato? ¿Qué tiene que ver cómo conocí a mi mujer?

-Uf, qué densos que estamos. Debe de ser el cansancio. Contestame, dale; después, si querés, yo te cuento cómo conocí al jefe.

-La conocí en una fiesta. En dos meses estábamos pegados como chicles, y nunca más nos separamos.

-No, esperá, no tan rápido. ¿Qué edad tenían?

-Yo, treinta y tres; y ella, treinta.

-¿Y cómo fue?... Vos estabas charlando con un amigo, y la viste, y...

-No, no estaba charlando con nadie. La fiesta era bastante aburrida; la música, malísima; y estaba a punto de irme. Pero no podía, porque alguien bloqueaba mi auto. Entré para ver si encontraba al dueño...

-¿Y era ella?

-¿Querés que te cuente, o vas a llenar la historia como se te antoje?

Nicole tuvo que resistir la tentación de ir a abrazarlo y cambiar el rumbo de ese encuentro. No, mujer, no lo hagas, vas a estar mucho más contenta si te frenás, pensó.

-Entré al lugar, y no podía pasar por la cantidad de gente que había. Busqué al dueño de casa para ver si él reconocía el auto, pero tampoco lo podía encontrar. Me recosté contra la baranda de la escalera, desilusionado, porque veía que me pasaba la noche ahí, sin poder entablar conversación alguna, ni bailar, ni irme.

-¡Y ahí apareció!

-Basta, no cuento más.

-No, dale, en serio... me callo, te prometo... lo que pasa es que me encanta...

Iannis se levantó y, sin despedirse, se fue. Empezó a sentirse mal de estar allí. Y, si no se iba, la relación, o sus sentimientos hacia esa mujer iban a ser cada vez más difíciles. ¿Adónde quería ir con las preguntas?, ¿por qué tenía que hablar de su mujer, o de lo que ella quisiera?, ¿por qué no había formulado él las preguntas?, ¿por qué había ido al *Navenganz*?

Adriana salió al cockpit, y miró incrédula a su amiga.

-¿Usted siempre juega tan al límite? Pobre hombre, así quedaron el iraní, el español, el gringo; todos con las ganas... ¿por qué le gusta hacer eso?

-No hice nada malo.

-Eso es lo que cree. Ese tipo hoy no duerme.

Adriana bajó, y la dejó con su cigarrillo y la birome. Abrió nuevamente el cuaderno y escribió:

Impresionante como sigo en la misma. Con tal de sentirme bien, insisto en pasarme de la raya. Tiene razón Adriana. Iannis no quedó mejor, sólo lo confundí más tratando de aclarar mi propia historia. ¿Por qué quiero sentir constantemente esas cosquillas y, cuando estoy a punto de sentirlas, me echo atrás? No llevarían a nada distinto de lo que tengo con Bigo... es más, no llevarían a nada mejor tampoco. Bigo, cómo te extraño...una frase tuya, una mirada... un silencio retador... y vuelvo a mis carriles... bue, listo, dejo esto porque no pasó nada tan malo; yo sigo tranquila, y no dudo de lo que siento. Si el resto tiene alguna debilidad, que se haga cargo... me fumo otro cigarrillo, y a dormir. Tengo que despedir al Navenganz *en una semana.*

Capítulo VIII

Apenas amanecía cuando Sebastián y Álvaro, que desayunaban tranquilos, lo vieron aparecer a Iannis. No tenía buen aspecto. De hecho, no había pegado un ojo en toda la noche. ¿Cómo había podido quedarse despierto por algo tan ridículo? Muy al contrario de lo que normalmente hubiera hecho, decidió contarles lo ocurrido. Se abriría a chistes de todo tipo. Era el precio de ser un descerebrado.
 -¿Qué les parece?
 -¿En serio querés que te contestemos? Es temprano. Nos íbamos a nadar, y vos nos ponés en esta filosofada barata. Si necesitás autoayuda, recurrí a libros. No te hagás el que no sabés de qué hablo. Vimos ése que trajiste de *Amar con los ojos abiertos.* Si estás tan confundido, cuando vuelvas, pedí turno con el psiquiatra; pero no nos arruines el viaje... y menos después del cuento de la colombiana... anoche, nosotros dos, la pasamos bomba, y sólo usamos la imaginación.
 Los tres rieron. Después de todo tenían las mismas fantasías. Iannis trató de convencerse de que lo de Nicole era otra confusión suya, pasajera; e hizo caso a sus amigos. Se sirvió un bowl de cereal, un jugo de naranja, y miró hacia el *Navenganz...*
 A no muchos metros de distancia, Nicole se despertó, lista para navegar. Había trazado un rumbo muy conservador, porque quería ir a The Baths, un lugar que le había encantado en un viaje anterior. Si no llegaban temprano, sería imposible encontrar boya. Le comentó a su amiga lo que pensaba hacer, y de paso le pidió que se concentrara para explicarle el tema de la vela. La otra la miró con indiferencia, y le dijo que no tenía intención alguna de aprender a navegar; sólo seguiría instrucciones. No era un desaire al deporte, simplemente quería pasarla bien, descansar. Esto, dijo, tendría dos beneficios: ella perfeccionaría el arte de bar tender, y Nicole podría mejorar su habilidad de capitana.
 Era otro día espectacular; y habían acordado navegar poco, y charlar mucho... o, más bien, que la náutica y sus complicaciones no

fueran el tema principal. Ya se les había ido todo uno, y lo único que habían conseguido eran anécdotas para el futuro, nada más. Nicole notaba algo distinto en Adriana, aunque no podía entender qué. Le preguntó un poco más acerca de su decisión de dejar arquitectura. Le parecía raro que lo hubiera abandonado; y no podía creer que su amiga, hubiera permitido que un primo le jugara tan sucio sin hacer nada al respecto.

-¿Sabe que tiene razón? Tengo un veneno que no me deja pensar racionalmente... Cada tanto se me ocurren formas de matarlo, o de hacerlo sufrir... No sé, ayúdeme, usted es la creativa...

-¿Está casado?

-¿Siempre la misma pregunta?, ¿qué tiene que ver?

-Si tiene mujer o hijos, me costaría pensar en formas de hacer que se arrodille sin herir a gente que no tiene que ver; pero si es un tipo solo, es más fácil.

No estaba casado. José María nunca había tomado en serio las relaciones con mujeres. Al contrario, se jactaba de poder conquistar a cualquiera; y, si le complicaban mucho la vida, las cambiaba, según decía, como agua de florero. Eso, a Nicole, le pareció perfecto. Podrían hacerlo entrar en un negocio con una mujer, de la cual lo enamorarían, y después lo harían caer como mosca. La mujer en cuestión lo dejaría por otro hombre y se llevaría las ganancias.

-Pensemos bien, todos tienen su debilidad; ¿cuál es la de tu primo?

-Muere por todo lo que sea caro e inaccesible... Trata de ir a todas las carreras de Formula 1, y...

-¡Ahí está! Nuestra empresa patrocina a una de las escuderías, y cada año invitamos a empresarios importantes. Se desviven por conseguir una entrada. Este año, no; pero el que viene hay una en Buenos Aires... ¿Él tiene idea de quién soy yo? Es decir, ¿sabe mi nombre y que soy tu amiga?

-Sí, lo sabe porque le saca información a mi papá. Y cuando usted apareció, él dijo que estaba tan contento que quería su mail para saludarla. Que si usted iba a Bogotá, podía quedarse en su departamento.

-¿Su primo también? Su padre me mandó un mail para decirme que podía quedarme con él y su mujer...

-¿La invitó?, ¿cuándo?

Adriana cambió la expresión. ¿Cómo era posible que el padre se metiera en todo? Cuando había comentado que su amiga de Universidad había dado señales de vida, Eugenio se había puesto nervioso y callado. Cuando le pidió el mail, ella no había pensado en nada malo; pero la invitación detrás de sus espaldas no le gustaba nada.

-Te quedaste callada. ¿Qué tiene de malo que tu padre me escriba? Pasaba mucho tiempo en tu casa cuando éramos chicas.

-Sí, pero no me dijo nada... es un metido.

El *Navenganz* se acercaba a The Baths, y Nicole le señaló a la colombiana el panorama que tenían frente a ellas. Seguía siendo tan deslumbrante como recordaba. Era un paraíso, y ellas estaban a punto de poder observarlo, disfrutarlo, y vivirlo sin interrupciones, sin límites, excepto por el horario. No estaba permitido pasar la noche frente a The Baths. En ocho horas tendrían que dirigirse hacia la marina.

-Dejá que agarro la boya. Ponéte cómoda, que en menos de dos minutos nos tiramos al agua y vamos a explorar.

-Dígame una cosa, ¿cómo fue eso de que estuvo con una mujer?

Nicole caminaba hacia proa. Se dio vuelta, pretendiendo no haber escuchado bien la pregunta. El bichero chocó contra el mástil, perdió el equilibrio, cayó y se lo clavó.

– ¡Oiga, capitana! ¡Mire para adelante! El...

Escucharon un ruido seco, y el *Navenganz* se detuvo. Acababan de golpear contra un barco... el catamarán del día anterior. No puedo ser tan despistada, pensaba Nicole. Estaba contenta porque no habían tocado fondo, y porque había tomado la precaución de entrar tan lento que el golpe había sido leve. Pero ahora tendría que retroceder, y maniobrar para tomar la boya bajo la mirada incrédula de los tres. ¿Quién les iba a creer que era casualidad? Iannis no perdió tiempo. Desde la cubierta del *Boomerang*, ayudaba a que el *Navenganz* se mantuviera en su sitio; por lo menos hasta que su tripulación decidiera adónde lo quería llevar.

-Te quedaste con la intriga, ¿querés terminar la conversación?

Adriana salió al rescate.

-Ay, quítese esa cara de baboso. Nicole, ¿terminó de probar la maniobra de acercamiento? Dizque sabía como hacerlo. ¿No se le ocurrirá intentarlo por segunda vez, no? Dé vuelta la nave, que tengo hambre.

La avergonzada uruguaya empujó la proa del barco, y tomó la boya. Amarró, y el *Navenganz*, obediente, alejó lentamente su popa del catamarán. Entre las dos ordenaron la cubierta y bajaron a la cabina, adonde acordaron esperar unos minutos antes de saltar al agua. No tenían ganas de retomar conversaciones con los tres señores. Además, Adriana estaba muy ansiosa. Quería profundizar acerca de las infidelidades de su amiga. ¿O le estaba mintiendo? Le volvió a insistir en relación a sus andanzas con amantes; y la otra contestó con preguntas, como normalmente haría su compañera.

-Contáme vos... ¿alguna vez estuviste con una mujer?

-Sí. Vivo con una hace diez años.

Me está probando, pensó Nicole. Con esto trata de que yo le cuente algo más de lo mío. Pero notó que a Adriana le temblaba el labio, y la miraba fijo...

-¿En serio? Pero si... no... pará... no entiendo... ¿no me dijiste que estuviste de novia con Ricardo por muchos años?, ¿fue después de que murió?, ¿cómo empezaste?

-¿Cuántas preguntas va a hacer?

-No es el punto, contame...

Adriana salió al cockpit y la invitó a nadar. Le dijo que hablarían después y Nicole no preguntó más. Se sacó la remera y, en cuestión de segundos, las dos estaban en el agua rumbo a las piedras. Al volver, se encontraron con que, arriba de la mesa, había una tabla de quesos, fiambres, paté, pan francés, dos copas, y una botella de vino argentino. Atado a la botella, un sobre en el que se leía: *Adivinen qué falta*. Adentro, una nota: *Si quieren lo que no hay en esta mesa, están invitadas a almorzar. Adivinen o no, el ingrediente faltante será el aperitivo; de plato principal tendremos pato, en honor a vuestra habilidad para la navegación.*

Miraron hacia el *Boomerang*, pero no vieron movimiento. Encogiéndose de hombros, y sin decir palabra, empezaron a comer, felices de haber evitado el trabajo de tener que preparar el almuerzo. No pensaron en la nota, la pusieron a un costado. Querían hablar, entender los cambios en sus vidas.

Nicole trató de espaciar un poco más sus preguntas, y algo sacó. Parecía que todo había empezado durante el noviazgo con Ricardo, a quien le había sido infiel más de una vez; por aburrida, o porque él lo permitía. En una de esas noches, en que la rodeaban cuatro amigas del trabajo, Adriana fue a pedir un trago a la barra. Un gin tonic. Antes de volver a la mesa, había preguntado:

-¿Tiene algo dulce para llevar?, tengo un agujero en el estómago.

La chica que atendía era muy simpática, y siempre tenía algo agradable para decirle cuando la veía. Esta vez no la halagó; dijo simplemente y con una mueca amistosa:

-¿Algo dulce? Lléveme a mí.

-¿Te la llevaste?

-Ese día, no... Volví como a la semana. Le pregunté otra vez por algo dulce. Ella repitió su oferta, y así fue la primera vez.

-¿Cómo que así fue? Seguí con el cuento. Vos le dijiste. -OK, vamos-, ¿y ella te siguió?, ¿y fueron directo a qué casa? Pero contame, paso por paso.

-¿Por qué no se imagina en vez de hacer tantas preguntas? Yo le dije qué buena idea, a qué hora sale; ella me dijo que apenas yo quisiera; le dije vamos antes de que lo piense dos veces. Salimos del bar, nos subimos a mi carro... ¿cuánto detalle quiere?

-Dale, venís bien. Se subieron a tu auto, ¿y ahí se dieron un beso?, ¿o se dieron la mano?

-Cálmese pues. Va con detalle y todo. Ella se sentó con su espalda contra la puerta y levantó las piernas...

Nicole corrió a sentarse contra la mampara del cockpit y subió sus piernas.

-¿Así?

-No sea idiota. No estábamos jugando al ginecólogo. Se puso de costado, con las rodillas dobladas, bastante sexy ahora que recuerdo. Tenía una falda cortiquitica, unas piernas larguísimas...y yo podía ver más de lo que mis pudorosos ojos se animaban a mirar. ¿Le sigo contando? Oiga, cierre las suyas, que parece una langosta.

Adriana continuó con su historia. Cada tanto, Nicole hacía un esfuerzo por acordarse de que describía un momento entre dos mujeres. No sentía rechazo, simplemente, un leve cosquilleo.

-Bueno, entonces vos le mirabas la cachucha y ella se ponía cada vez más sexy... ¿en qué momento empezó el contacto físico? Y por dónde empezó... la mano, la boca, ¿las pantorrillas?

-Después de mostrarme la cachucha, como bien dijo usted, se arrodilló en el asiento, y se acercó. Tanto, que no me quedó más que besarla. Entonces me tocó la izquierda, después la derecha, me dio unos masajitos... cuando yo ya tenía media lengua adentro de su boca, sentimos un golpe en la ventana. Mis amigas, que son tan discretas como usted, en vez de dejarnos tranquilas, se pusieron a chillar, como monos enjaulados... -¡Cochina!- -¡no se coma todo el postre!-. -¡Comparta, egoísta!- Ellas, dichosas; muertas de risa. Por un instante pensé en dejar a la camarera con sus calzones puestos. Gritándoles un -no me frieguen- que ni me importaba si escuchaban, arranqué el carro, eché marcha atrás, y me fui. Podía oír los gritos, -¿Adónde se va?- -¿Qué supone, que hagamos dedo?- -¡Alguien que pida un taxi!- Me olvidé de que yo había sido la que había manejado; y seguí, sin darme cuenta de que las dejaba botadas. Pensé que era un chiste, y me reí; pero no hice nada más. Estaba muy nerviosa. Me habían visto, y no tenía manera de negarlo. Pero eran más fuertes las ganas de vivir lo que nunca jamás, se lo juro por mi madre, había vivido. ¡Estuvo la berraquera!

-¿Qué parte?, ¿la de tus amigas? ¿Qué te dijeron?, ¿no te llamaron?

-¿No ve que usted se pierde los cuentos por acelerada? Si le contesto esas preguntas, nos vamos del momento más *hot*. No se vaya a postular de periodista; sus noticias abrirían centenares de intrigas, y no contestaría ni una. Así se pierde la mitad del cuento.

-Tenés razón. Contame, no me retes... Salieron del estacionamiento, y ella te estaba acariciando la izquierda... o la derecha... tus manos, ¿adónde estaban?

-Una, en el volante; y la otra, en la caja de cambios. ¿No le dije que estaba manejando? En serio, concéntrese, carajo... Pero tiene suerte, porque ahora me dieron ganas de acordarme, ¡qué churro era esa niña! Bueno, pues. Ella siguió tocando todo lo que pudo, mientras yo evitaba multas. Le pedí que se quedara quieta un ratico, pero ni caso. Imagínese que llegamos a mi casa así de excitadas. Hubiera visto la cara del portero. No era la primera vez que entraba con una mujer; pero sí la primera en la que veía que una de ellas me besaba, y me tocaba el cachete posterior; todo en simultáneo. No se ría, al pobre hombre casi le da un infarto.

-Esperá un minuto... ya vuelvo.

-¿Otra vez? ¿Por qué no deja a Bigots, y se casa con un plomero que le cambie el cuerito?

En una anotación de Nicole, habla del momento en que Adriana le revelara su homosexualidad:

Acá me tienen, frente a una vieja pero, también, nuevísima amiga, que resultó ser lesbiana... o eso dice. Porque después de aclararme que vivía con una mujer, me aseguró que le seguían gustando los hombres. Aunque me pareció que lo dijo por el lado físico nada más, y eso lo entiendo. Por ejemplo, desde que me confesó su nueva tendencia (nueva para mí, por supuesto), me puse a pensar qué era lo que sentía yo. No me dio asco, no me dio por prender el motor y salir volando a la marina para que no me atacara. Tampoco me dieron ganas de besarla, ni de tocarle nada; no a ella. Era mi amiga, y quería mantenerla de esa manera. Pero sí me puse a pensar cómo sería estar físicamente con una mujer, y acá pasé a divagar (vivo en este estado). En crudo. Los sentimientos y los orgasmos, son cuestión de mentalizarse. Ni hablar de que, por lo menos, tiene que existir un poco de atracción física. ¿Suena a que cualquier cosa da lo mismo? Puede ser, pero me explico con casos concretos. Por ejemplo, a Adriana la conozco como amiga; y yo decido que quiero mantener esa relación así. Pero si quisiera cambiar el tenor de nuestro vínculo, me pondría a pensar en la manera de conquistarla, hablaría con ella en doble sentido, me movería de forma sensual, y la miraría con más profundidad. O lo haría con Iannis. En cuestión de segundos, no sé si conseguiría seducirlos, pero seguro que me quedaría con una calentura de aquellas. (Qué cosa, ¿no?) Me auto-convencería de que me encantan, que quiero tener algo físico con uno o el otro; y hasta que no lo lograra, no descansaría. Si además quisiera que la relación tuviera un sentimiento de mayor profundidad, me abriría a contarles algo más íntimo. Les mostraría una que otra debilidad, escucharía qué los mueve, y qué los ha hecho llorar o reír... Pero me fui, y no se adónde iba... La miro a Adriana, y quiero saber todo lo que sintió. Quiero entender ese mundo en el cual alguien toma la determinación de amar a otro del mismo sexo, no sólo de divertirse un rato; sino de establecer una relación duradera. Hasta ahora me contó solamente su primer encuentro, erótico; y no cómo se encontró con lo que yo entiendo como "amor de pareja. (Qué cursi, ¡puaj!)

-¿Qué se quedó pensando? Me mira con esa cara de marciana.

-Dale, contame cómo fue que tuviste el valor, o lo que quieras llamarlo, para establecer una relación con una mujer. ¿Tu familia sabe?, ¿qué dice?

Otra vez preguntando de más. Así no iba a llegar a nada. Nicole se rectificó, y consiguió que la otra empezara a responder de una vez. -¿Cómo se dio cuenta de que sus parejas serían, de ahí en más, con una mujer y no con un hombre?

Un golpe en la proa del barco interrumpió el interrogatorio. ¡El catamarán de nuevo! En medio del descubrimiento, la realidad las traía bruscamente a lo trivial.

-Adriana, sacá la escopeta, que los bajamos de un tiro.

Lo dijo en voz alta, para que la escucharan, y se ofendieran; pero solo escuchó risas. Amarraron el barco al lado del *Navenganz y,* sin titubear, subieron.

-Venimos a ver cómo están. ¿Por qué no aceptaron nuestra invitación a almorzar, ni se dignaron a descifrar la adivinanza?

Sus caras eran de tal picardía que a Nicole se le pusieron los pelos de punta. Lo más curioso fue que a su amiga no se le movió ni uno para lo que era ella; demasiado tranquila. Igualmente, fue quien dio la orden apropiada.

-Okeis, señores, no sean tan tarúpidos, ¿pueden dejarnos? Ya les prometí, y siempre cumplo con mi palabra. El sábado, a más tardar, tendrán la conclusión. Pero se bajan ya del barco, o se quedan con las ganas el resto de sus vidas.

Mayor fue la intriga de Nicole cuando vio que los tres se mandaban a mudar, diciendo cosas como -te dije que había que aguantarse-; o: -yo no tengo paciencia para esperar tanto.

-¿Me explicás de una vez el tema? Mirá si vas a tener un secreto con ellos y no conmigo.

-De eso se trata. Ellos creen que tengo un secreto, y que usted no lo sabe. Les dije que yo era lesbiana; y que usted era mi próxima conquista. Pero le juro por mi vida que no tengo la más mínima intención de cambiar nuestra relación. Fue la única cosa que se me ocurrió para que nos dejaran ir sin molestarse.

-¿Decirles la verdad, que éramos dos idiotas sin nada mejor que hacer, no se te pasó por la cabeza?

Adriana la miró con cara de "no sea tan inocente", y Nicole se encogió de hombros. Le preocupaba poco lo que pensaran Iannis y sus amigos. La semana sobre el *Navenganz* era más de lo que se había imaginado, y esos tres podrían servir para probar todas sus viejas teorías. Los hombres son mucho más fáciles de descifrar, apasionantes para conquistar; y se divierten sin ofensas. Aparecerían de nuevo, con excusas varias; y ella misma buscaría encontrarlos para tener el material necesario para la novela que empezaba a idear.

Sacó una serie de sobres viejos del interior de su mochila, y se los mostró a Adriana. Eran las cartas que le había escrito, desde Colombia, cuando se habían separado. Las ordenaron por fecha, y empezaron a leerlas. Aunque no se habían puesto de acuerdo en llevar algo del pasado, Adriana también tenía un paquete escondido. Había traído fotos; unas adonde estaban solas; otras, con amigas. Una de Nicole con el iraní. En otras aparecía Ricardo.

El iraní, doy fe, era muy agradable. Tiene puesto un par de pantalones de corderoy color habano, una camisa verde oscuro arremangada, el pelo hacia un costado, negro; igual que los bigotes. Y una sonrisa de aquéllas.

Se olvidaron del lugar en el que fondeaban, y de que pronto tendrían que levantar las velas para que la noche no las sorprendiera amarradas en una ubicación prohibida. En la primera carta que escribiera Adriana antes de irse a Bogotá, se reflejaba la amistad que tenían:

Amigota adorada:
Desde ya voy a empezar a practicar mi escritura, pues es casi imposible no dejarle una notica; y aunque no lo crea, ya empecé a llorar, carajo. Ha sido la amiga más adorada, sincera, querida, comprensiva. Y, si sigo, no me alcanza el papel. No se imagina lo duro. Me parte el alma tener que decirle adiós, y espero que hasta luego. Como dicen por ahí, estoy "speechless"; pues quisiera decirle tantas cosas y darle tantas gracias. Realmente fue una ayuda en mi llegada a Washington (voy a tomarme un vaso de agua, ¡ I'll be right back!); imagínese, yo en el college, sola y sin hablar ni pite de inglés. En fin, Nicole, usted sabe bien qué pienso de usted; y, si le pregunta a las demás personas cuáles eran mis palabras cuando me refería a "vos", no dejaban de ser más que de admiración, pues

siempre pensé y pienso que es muy inteligente and attractive girl... Si sigo alabándola, después nadie se la aguanta. Ni con los novios había sido tan expresiva, y casi que romántica. Mejor dicho, parece una carta de amor; aunque, en cierto sentido lo es, pues, vuelvo a repetírselo, ha sido la mejor amiga que he tenido, y a la cual adoro con todo mi corazón.

Ya no le escribo más, y más bien cuando llegue a Colombia le voy a tener que escribir un libro, pues pienso contarle cada respiro.

Déle un besote y mil gracias a su madre (otra vez, speechless). Sólo dígale que también la quiero mucho y que nunca los voy a olvidar.

¡Chao baby!
¡Cuídese!
No se olvide de que la espero en el verano
Su amiga que tanto la extrañará: "yo"

-¿Sabés lo que me encantó de esta carta? Que obviamente me querías tanto como yo a vos. Últimamente, cuando buscaba algo para poder reencontrarnos, Bigo me decía que fuera realista, y que no me generara falsas expectativas. Él no estaba convencido de que a vos te hiciera tanta diferencia saber qué había sido de mi vida. Pero no dudé, me daba igual; y me fascinó darme cuenta de que la amistad seguía tan fuerte.

-No me haga llorar. ¿Qué más le escribí? Mire esta foto, ¿se acuerda de lo fea que estaba usted con ese pelo todo crespo? Es en la playa ésa, Rizoto.

Hablaba de Rehoboth, y cada vez que Nicole oía ese nombre, sonreía al acordarse de las variaciones fonéticas que le daba su amiga. Pero no sonrió al ver la foto. Era un espanto. No es que el resto de ellas estuvieran mucho mejor; de hecho, era difícil encontrar una adonde saliera medianamente bien. Sus hermanos tenían un juego, que aún cada tanto compartían cuando se juntaban. Nicole incluida. Era la que más se entretenía. El juego consistía en premiar al que encontrara la foto más fea de Nicole. Traían álbumes y cajas con fotos viejas, y se sentaban en el piso del living. Repartían las fotos, y se turnaban.

-¡La tengo! Esta gan seguro.
-Ah, no vale. Vos tenés el álbum de cuando tenía trece años.

-Sí, chistoso. Jugás con ventaja.

-Él, no. Yo. Tengo uno en el que tenía siete. A ver quién supera los anteojos con parche.

Nicole estaba encantada de haber superado esa imagen; Pero la foto de Adriana era mortal, y no estaba escondida en casa de su madre Venía de Bogotá y había llegado al Caribe. La tiró al agua. Adriana saltó detrás, en un impulso extraño, diciendo que iba a rescatar el recuerdo que Nicole prefería perder. Con horror para la uruguaya, vio que su amiga conseguía hacerlo, y se lanzó tras ella. Empezó una lucha amistosa alrededor del barco. Adriana, sostenía la foto con una mano en alto; y, con la otra, tiraba agua para distraer a su amiga. Se fue alejando del *Navenganz*; Nicole, detrás de ella. Se tiraron a descansar sobre la arena, riéndose.

-¡Esta foto demuestra que usted ha mejorado con los años, y que nunca fue fotogénica! No tire evidencia tan valiosa.

-Esa foto únicamente demuestra que yo era un paquete mal armado por la naturaleza, sin desenvolver todavía. Y no me interesa que sigan existiendo muestras por todos lados. Dale, tirala.

Adriana enterró la foto, hizo una montañita de arena, y dibujó una cruz encima. Se arrodilló, juntó sus manos, esperó a que Nicole se arrodillara también a su lado, y comenzó el ritual. Se dieron la bendición, tratando de mantener la seriedad que le permitiera a Adriana pronunciar las palabras de despedida a tan espantosa imagen:

-Aquí yacen los abominables restos de Nicole, la continuamente afeada adolescente; quien, tras su último intento de parecerse a Einstein, fuera burlada y abatida por sus compañeros de clase, y destruida, finalmente, por su leal y elegantísima amiga.

-Pero siguen vivas un montón de imágenes...

En medio de la frase, Nicole miró hacia el *Navenganz* y de dio cuenta de que era el único barco en el agua. Se levantó y salió corriendo. Nadó como si la amenazara un tiburón. Lo que la perseguía parecía un pato. Adriana trataba de alcanzarla.

Nicole dudó por un instante. ¿Cuál sería la multa mayor? ¿Estar fondeadas en The Baths, o navegar después de la puesta de sol? La navegación era de una hora, no más; la noche entera aumentaría el riesgo. La decisión fue fácil. Apuró la salida, y se dirigieron a la marina más próxima. No quedaban amarras; por lo tanto, tendrían que tirar el ancla, a oscuras, al lado de otros barcos, justo afuera de la marina. Descubrieron que la cadena del *Navenganz* no tenía las marcas que ayudaban a saber el largo que iba sumergiéndose; pudieron ver parte del fondo con una linterna, pero no se quedaron tranquilas. Nicole repitió una rutina que utilizaba seguido en el Río de la Plata para saber si el barco se movía de su posición de fondeo. Un método muy poco científico y, menos aún, predecible. Prendió el GPS, tomó nota de la longitud y latitud, y volvió a hacerlo cada diez minutos durante una hora. La posición se mantenía con una mínima variación. Lo apagó, y bajó a ayudar a Adriana en la confección de la comida; o el copetín, nombre que mejor indique un conjunto de huevos duros, acompañados de coca-cola light. Por el agotamiento, habían decidido, no muy convencidas, abstenerse del alcohol. Les parecía increíble lo que cansaba hacer nada por tanto tiempo. No podían creer que un poco de viento, sol, y agua, les drenara de tal manera la energía del cuerpo. Aunque no así, por suerte, la labia. Hablaban hasta cuando alguna de las dos estaba en el baño.

Adriana le mostró a su amiga la olla, con ocho huevos, bailando y golpeándose, unos con otros, sumergidos en el agua hirviendo.

-Mire. Qué pesar, ¿no? Tanto pollito frustrado, ¿no le da pena?

-¿Por qué estamos hirviendo ocho? Nos quedamos sin el resto de... ¡HUEVOS! ¡Eso faltaba hoy al mediodía! ¡Era cuestión de ponerle media neurona, y lo sacábamos! No me mires con cara de loca, hablo de la adivinanza que nos dejaron... ¿Y por qué me pongo tan feliz de haber sacado la adivinanza de esos babosos? Ya sé por qué los herviste... Seguíme en este razonamiento. Sin querer, yo me quedé con la notita en la cabeza. ¿Vamos bien?

-No friegue. Siga.

-Encantada. Yo había descifrado el acertijo, sin darme cuenta, por supuesto. Entonces puse la palabra huevos en mi subconsciente. Acto seguido, mi cerebro transmitió, al tuyo, el mensaje; y simulando convertirse en un fantasma, dijo -*huuuueeeevoooos... hueeevvooooss...* Y vos, cual zombi, te dirigiste a la heladera, agarraste un huevo, después otro, los metiste uno por uno adentro de la cacerola, sin saber qué te impulsaba a hacerlo. ¡Qué increíble!

-Ojalá se haya muerto el insecto que la picó mientras estudiaba el aparato ese. Lamento cortar su inspiración, pero la razón por la cual, en este momento, podemos observar la danza de ocho irregulares esferas es que, de los diez que quedaban, dos estaban rotos; y sus interiores, desparramados dentro del *tupper* era una inmundicia. No fue su llamado de *hueeeeevooos.* Fue el siguiente pensamiento: soy una GÜEVONA, me olvidé de guardarlos con cuidado... güevona yo, y más güevones ustedes. Se van todos al fuego, y no se rompen más.

-¿Entonces no fue una conexión telepática?... Uy, esperá que no sé si apagué bien el GP...perdón, el aparato ese, el ubicatorio de posiciones.

Adriana le había prohibido que le hablara en siglas, o en lo que ella denominaba idioma náutico; y se divertía con los esfuerzos que la otra hacía por lograrlo. Nicole quería terminar de una vez la preparación de la comida, para continuar la charla, y entender mejor a la nueva colombiana; el proceso, el cambio. Podía comprender el deseo, pero le costaba ponerse en su lugar y pensar en establecer una relación de pareja. Por su personalidad, supuso que Adriana sería el varón; y la otra, algo más sumisa. ¿Adónde la había conocido?, ¿sería porque no había tenido madre desde tan chica que había decidido suplir esa falencia con querer a mujeres y no a hombres?

-Deje de pensar, que me pone nerviosa; y cuénteme un poco más de su vida con Bigo.

-Contáme vos. Te prometo que después te doy cuanto detalle quieras. No me mires así, no estoy negociando; o sí, da igual. Lo tuyo es tanto más interesante.

-Yo también le juro que se lo cuento, pero no ahora. Tengo que estar tranquila y descansada. ¿Se acuerda de esa argentina tan chusca, cómo se llamaba? Cómo la molestábamos cuando se operó la nariz. Ella toda orgullosa, y nosotros ni nos dimos cuenta.

-Se murió.

Adriana se reía en los momentos más insólitos, y éste fue uno de ellos. Abría la boca para decir algo; pero no le salía, volvía a tentarse. Sin esperar más preguntas, e ignorando las risas, Nicole siguió:

-Me enteré un día en que mamá estaba en Buenos Aires, leyendo los anuncios fúnebres, pegó un grito rarísimo, y me dijo: -Nicole, ¿vos no tenías una amiga Elena Rodríguez Sanz?... parece que se murió-. ¿Te dejás de reír? ¿Todo lo que digo te hace gracia?

-No, lo que dice no es gracioso. Usted, su cara, me hace reír. Es una vil tragedia, y lo cuenta como si hablara de una planta. ¿Nunca siente nada por nadie?

Tantas personas le habían hecho esa pregunta, que empezaba a convencerse de que debería cuestionar su capacidad cardíaca.

-¿Será que uso el corazón sólo para la función biológica? No, pero escuchá: siento cosas. Esperá, cambiá la cara que hablo en serio... Decía que, por ejemplo, estaba contentísima de haberte encontrado, y de estar acá con vos, y... ¡nena, cortala! Por Bigo tengo muchos sentimientos, aunque a veces dudo del egoísmo que demuestro... Basta, no sigo. Trato de darte algo de mi parte interna, y vos te seguís riendo. ¿Podés decirme qué te parece tan tentador? No me vas a convencer de que por tu novia tenés una ternura bestial, que morís por ella. Y seguro que te aliviaste cuando murió Ricardo.

Fue como si le tiraran un balde de hielo. Adriana se puso muy seria, casi se diría que triste; y Nicole supo callarse. Imaginó bien lo que vendría a continuación. Con lágrimas contenidas en los ojos, la otra habló en voz baja, pero firme:

-¿Cómo hace? A mí me encantaría ser igual que usted para vivir menos pendiente de los sentimientos de todo el mundo. No se sorprenda, es así. Yo sí siento. A Ricardo lo hice feliz, a mi manera; pero fue feliz. Y lo extrañé mucho. Con respecto a Camila, así se llama la susodicha, si veo que algo le duele, se me retuerce el estómago. Me duele a mí también, y me desvivo por ponerla contenta; no puedo verla sufrir.

-A mí tampoco me gusta ver sufrir a Bigo, o a mis hermanos. Pero creo que es más porque sé que, si sufren por algo, pueden llegar a necesitarme. Y no me gusta que dependan de mí. ¿A vos no te incomoda que te reclamen atención?

Estuvieron un rato largo discutiendo si era egoísta, o no, eso de estar constantemente al lado de alguien más débil, alguien que a uno lo hiciera sentir necesitado. Adriana comentó que, para ella, era una satisfacción poder sacar a una persona de un pozo anímico, y en eso estaban de acuerdo. Diferían cuando Nicole le recalcaba que era bastante sospechoso que algunas personas se rodearan constantemente de otros en problemas. A su entender, era como una adicción. Tener que sentirse fuerte, a base de los débiles, era buscar reconocimiento ajeno. Y eso, en sí, era una dependencia.

-Usted analiza demasiado las cosas. Ser buena gente me hace sentir bien, y lo mismo a los que ayudo. ¿Por qué insiste en buscarle explicación a cualquier actitud?

-Sos vos la que me preguntó cómo hacía para mantenerme al margen de los sentimientos. Prefiero dejar vivir, y ayudar sólo si me lo piden; no ir buscando gente en problemas para sentirme importante. Además, me complica la vida que otros dependan de mí.

-¡Ése es su problema!, es una cómoda. No molesto, y no me molesten... la vida no se vive en solitario.

-Una cosa es vivir cada uno su vida, acompañando a otro, y crecer ambos. Otra es ubicarse en la posición de la locomotora, y cargarse de vagones, llenos de problemas. Adri, nos estamos desviando del tema.

-Tiene razón. Definamos el sentido de egoísmo antes de seguir esta discusión tan ridícula. Ahorita mismo se va usted a buscar un diccionario, y me trae el significado.

-En el medio del Caribe. Va a ser un poco complicado. Hablaba de otro tema. Contame cómo empezaste a enamorarte de mujeres.

-Ese tema no me interesa. Saque el Bailey's. Vamos a brindar por esta noche estrellada, y por la dichosa almohada, que aguarda nuestras hermosas cabelleras, para descansar como Dios manda.

Nicole aceptó, y no insistió. Le encantaba ir a dormir en el barco. Todo estaba a mano. La cabina, forrada en cedro, barnizada, en perfecto estado. La madera oscura le daba una calidez espectacular; y, de noche, se acentuaba por la luz de las lamparitas de bronce, ubicadas en distintos lugares. La que ella más quería era la que tenía al costado de la cabecera del camarote. Bajo esa luz leía los cuentos de Moitessier, un francés que había navegado en solitario por años, y que había dejado una cantidad inmensa de historias y lecciones; no sólo de navegación, también de vida. Historias en las cuales Nicole se sumergía hasta que los ojos le pidieran clemencia. Apagaba la luz satisfecha. Sabía que se dormiría como difícilmente lo consiguiera nunca en tierra. Con cansancio físico, y una paz mental abrumadora.

Capítulo IX

Dos días de velero y todo estaba cambiado. No en la superficie; pero de fondo, las cosas alrededor de ellas no eran las mismas. En la superficie acuática también habían cambiado. Las dos se habían dormido tranquilas. Una, porque había revisado el GPS; y la otra, porque se respaldaba en los conocimientos de la primera. Alrededor de las seis de la mañana, Nicole se despertó gracias al sol, que la acariciaba a través del tambucho del camarote. Se puso el bikini, y salió al cockpit, para disfrutar unos segundos del paisaje, que no había visto dada la hora de llegada la noche anterior. Un escalón, dos; en el tercero sintió que la invadían dos pares de ojos. El *Navenganz* estaba codeándose con uno de sus pares, como si decidiera hacer sociales por su cuenta, muy a pesar de sus inquilinas. ¡No había tomado en cuenta la variación de la marea cuando había observado el GPS la noche anterior!

-Hola, hi.

La timidez no era algo que caracterizara a Nicole, y ese saludo había sido más atrevido que tímido. Los vecinos lo notaron, y asintieron con otro "hi" algo más protocolar. Nicole empezó a tentarse y, antes de que pudiera hacer algún comentario desubicado, escuchó desde abajo,

-Oiga, ¿ya terminó con el baño?

-No, esperá que voy primero- y, mirando a los nuevos vecinos con una sonrisa más idiota de la que había usado para el saludo, siguió-: pero antes vení que te presento a unos amigos.

Adriana, pensando que bromeaba, salió luciendo nada más que un par de shorts de franela, su pijama habitual. Sorprendida y muy incómoda, se tapó su escasa delantera con uno de los brazos y, con el otro, agarró a Nicole del codo para que le hiciera de escudo.

-Pedazo de idiota, ¿cómo no avisa? Hi, yes, perdonen un minuto, ya volvemos.

Una vez abajo, esperó a que Nicole dejara de reír para mandarla al diablo, con lo cual consiguió que la otra se tentara nuevamente.

-¿Qué hace socializando tan temprano? ¿No era que le gustaba la vida tranquila, sin gente, sin ruidos? ¿Por qué terminamos abrazadas, barco con barco, todos los días?

Estaba enojada, muy enojada. Nicole, ignorando la causa, le explicaba, a su desnudísima amiga, que no era intencional el encuentro con extraños. Pero, más indignada la veía, más se reía; y eso la terminó de enfurecer a tal punto que amenazó con irse esa misma tarde. Nicole se sentía ridícula, pero igualmente trató de poner paños fríos, y reparar el momento.

-Ponete algo y ayudame. Vamos a fondear un poco más lejos. Desayunamos y, si todavía querés, te llevo a la marina.

-Ahora se jode. Si le da vergüenza, peor para usted.

Sin esperar respuesta, salió, otra vez con el torso al aire, y se puso a desatar los cabos que las unían con el otro barco. La pareja, que seguía sentada, observaba, pero sin inmutarse. Al ver el apuro de la exhibicionista, Nicole aceleró el trámite. Prendió el motor, levantó el fondeo, y se dirigió a un lugar algo más aislado.

Adriana no hablaba. Estaba molesta, y se le notaba en la cara, en el silencio. Su amiga optó por hacer lo mismo que había hecho más de una vez, cuando eran adolescentes. Se quedó callada, y esperó a que la otra se calmara. Mientras tanto, las dos se prepararon, cada una su desayuno. Nicole exprimió unas diez naranjas. Por un lado porque, de esa forma, disimulaba lo incómoda que la ponía la situación. Por otro, porque las naranjas no tenían nada de jugo. Puso el agua hirviendo en el termo, sacó las tazas, los platos, los cubiertos, las tostadas, el queso crema y la mermelada. Adriana, en todo ese tiempo, seguía buscando algún huevo crudo para batir:

-Ni un perro huevo- decía entre dientes. -Trajimos mil; y, cuando quiero darme el lujo de UN huevo revuelto, no hay ¡NI UNO!

Cansada de esperar algún tipo de reacción, Nicole subió, y se sentó a desayunar, tratando de entender de qué manera se iba a tranquilizar el ambiente. No había sido para tanto. No entendía el mal humor, y le molestaba estar perdiendo tiempo en un enojo al cual no le veía sentido. El desayuno había sido siempre su comida favorita. Ni hablar si lo podía tener encima de un velero; le costaba creer que el momento se hubiera arruinado.

Adriana se quedó abajo con la intención de descubrir por qué estaba tan irritada. ¿O estaba herida? Extrañaba a Camila, y hubiera querido hablar con ella para que la calmase. La capitana había pasado a su lista de odiadas; y no quería analizar la razón, simplemente deseaba sacarse la rabia de encima. ¿Que supone la muy fresca? ¿Que no me importa hacer el ridículo delante de cualquiera; que tengo un ego a prueba de cualquier cosa? Se la pasa juzgando a medio mundo, ella toda perfectita. Apenas podía quedarse quieta. Saldría a caminar, o a correr. Pero imposible; porque estaba ahí, encasillada por su amiga. No soportaba un segundo más en el interior de esa cabina, tampoco quería oírla. Salió, y antes de saltar al agua, la miró de reojo y le dijo casi a modo de orden

-No me siga.

Era lo último que hubiera hecho la uruguaya. Se le enfriaba el café, le saldría nata a la leche, los pájaros se comerían las tostadas; y, además, no había lugar al cual llegar. Ni playa, ni muelle, nada por unos cuantos kilómetros... Probó gritarle a su amiga que, lamentablemente, ya no la podía oír.

-¡Adriana!- y pensó: Volvé...llevate el gomón... Agh...te voy a tener que ir a buscar. ¡Qué insoportable!

Si su amiga tenía tanto orgullo, ella demostraría lo propio. Se quedaría a disfrutar del paisaje, del café, y del silencio. Tomó dos sorbos, nada más; y sin saber por qué, cambió de opinión. Modificar sus planes era algo que la caracterizaba. Con eso molestaba o divertía sobremanera a quienes la conocían más. Durante varios años había tratado de cambiar, pero era inútil. Había pasado la etapa en la cual pensaba que debía modificar ese comportamiento. A ella le iba. Escribió una nota, se cambió de ropa; y, en menos de unos minutos, estaba arriba del gomón, rumbo a la marina.

Adriana seguía furiosa, pero no tenía intención de nadar por mucho tiempo más. De hecho, no le divertía para nada ese deporte. Estaba arrepentida de haber salido. Se tendría que haber quedado en la cabina, ignorando a Nicole, hasta que pudiera calmarse. Y, así, tratar de adivinar por qué su amiga la había engañado. Si sabía que ella era lo que era, ¿por qué se había hecho la inocente? La noche anterior, antes de dormirse, Adriana se había levantado una vez más para buscar un vaso de leche. Dentro de un cajón, que había abierto mil veces, adonde esperaba encontrar un par de tijeras, encontró un libro que no había estado ahí antes. El título la sorprendió. Se trataba de un estudio hecho a centenares de mujeres lesbianas, con datos y análisis de sus pasados, familias, niveles económicos, entornos culturales, educativos. Tenía resúmenes en relación a las causas que podrían haberlas llevado a convertirse en lesbianas. Y, la peor parte: cómo algunas de ellas habían podido volver a una vida heterosexual.

¿Qué hacía Nicole, a qué jugaba? ¿Tendría intenciones de transformarla? ¿Sería ella su conejillo de indias? La rabia se acrecentaba a medida que hacía conjeturas respecto a las razones que impulsaban a su compañera de viaje. No pensaba encararla. Trataría de calmarse, y esperar la reacción. Volvió al barco, y le sorprendió que estuviera desierto, pero se alegró de poder subir y no dar explicación. Tomó el libro para verlo un poco más en detalle; leyó unas páginas hasta que escuchó el ruido del motor del chinchorro. Puso todo en su lugar, y se sirvió un vaso de agua para disimular. Subió, prendió un cigarrillo. Su expresión era dura; sus puños, cerrados, tensos. La bronca cegaba cualquier pensamiento racional. Tomó un trago para apagar el ardor de su estómago. Nicole percibió de inmediato que el estado de ánimo de la otra había tomado un giro para peor.

-Adri, ¿podés decirme qué te pasa? No entiendo nada. Yo no quise ridiculizarte delante de esa gente. Estaba a punto de avisarte, pero subiste tan rápido que no tuve tiempo.

-No tiene nada que ver con eso.

-Entonces decime qué es. En serio, es una lástima que estemos amargadas. Nos queda poco tiempo juntas, y lo vamos a desperdiciar. Dale, no sé qué hice; pero perdóname.

-Si no sabe qué hizo, ¿de qué se perdona? No tengo ganas de hablar. Ya se me va a pasar.

-Dale...

-¡No moleste! ¿Adónde tenemos que ir hoy?, ¿levantamos las velas, o arranca el motor antes?

Nicole respondió que, en ese estado, prefería quedarse anclada; y se puso a ordenar los cabos, a atar bien el timón. Buscó algo más para hacer. Después de lavar la poca vajilla sucia que había, sacó el cuaderno y se puso a escribir para calmar sus propios nervios.

¡Qué hartante! El lugar, un espectáculo; el barco, otro; y mi amiga, una histérica. Peor yo, que no tengo idea de cómo cambiar la situación. ¡AAAHHHHH! Cómo envidio a la gente que sabe manejar estados de ánimos ajenos. Bigo, por ejemplo. Sabría mantenerse distante, dejar que al otro se le pasara lo que sea que

tenga. No estaría como yo, afligida, tratando de aclarar... Además... ¿qué voy a aclarar si no tengo idea de qué bicho la picó? ¡UF!

Frustrada con la falta de inspiración, clavó la birome en el almohadón. Nadó un rato, después ató una colchoneta al barco y flotó. Tenía que darle tiempo y espacio a quien, de repente, se había convertido en una molestia más que en una compañía.

Nicole estaba cada vez mas enojada consigo misma y con su amiga. Seria tanto más fácil que las personas dijeran lo que tienen adentro. Era ridículo quedarse así por mucho tiempo más. Subió nuevamente al barco, y en un modo muy tranquilo, le pregunto a la otra si iba a decir algo, o si pensaba mantenerse en esa postura. No obtuvo una respuesta muy contundente, más bien recibió un gesto de indiferencia, por lo que declaró que para ella, era mejor que se separaran. Adriana podría volver a tierra, y ella se quedaría navegando sola, aprovechando que el velero ya estaba pago. Casi sin hablarse, pusieron el barco en marcha y se dirigieron a la marina de la cual habían zarpado solo unos días antes.

Ron no entendía nada cuando vio aparecer el *Navenganz*. Lo esperaba recién en unos días, y tenía programado pensar en alguna forma de vengarse de esas dos, pero no tendría tiempo. La suerte no lo acompañaba ni en eso. Esperaría a las dos mujeres parado en el muelle; les demostraría indiferencia, las haría repensar antes de burlarse... pero tampoco resultó. Arriba del barco veía a una de ellas, con cara muy seria, y totalmente insensible a quien estuviera en tierra. Acercó al *Navenganz* con destreza. Ron le alcanzó los cabos para que lo amarrara. Todo transcurrió en un silencio absoluto. Una vez parado el motor, pudo observar que, de la cabina, salía la morocha. La cara era aun más grave. Estaba totalmente vestida, arreglada, y subía con un bolso y una mochila. Vio cómo se despedían, en un acto que le pareció casi solemne. Estuvo a punto de emocionarse, si no fuera porque guardaba el recuerdo del momento en el cual había sido humillado.

Antes de bajarse del barco, Adriana giró para decirle adiós a su amiga, y ambas se miraron por un tiempo bastante largo. Nicole tenía una tristeza profunda, pero una serenidad que a ella misma la sorprendía. Sin bajar la mirada, comentó:

-Es una lastima dejar esto así. Ojala algún día dejes ese orgullo, y me cuentes qué fue lo que pasó.

-De las dos, no sé quién es la más orgullosa. Lo que yo no soy es tapada. Piense bien si fue honesta conmigo.

-¿Por qué no hablás en vez de tirar adivinanzas? Te prometo que no tengo idea de qué se trata. Bueno, hacé lo que quieras. Qué manera más ridícula de arruinar todo.

Pocas cosas la sacaban tanto de sus casillas como la falta de transparencia. Además, le daba mucha bronca consigo misma saber que, más tarde, daría vueltas como una calesita, tratando de adivinar qué había pasado. Repasaría cada diálogo, cada mirada, cada momento. Trataría de entender cuándo había ocurrido el cambio de actitud. Y no dudaba de que su amiga, esa misma noche, estuviera durmiendo en el avión. No era justo, ¿qué la impulsaba a tomarse el trabajo de solucionar un problema que ni siquiera tenía rotulo de tal? Si no tenía idea qué era. ¡Que manía! Le gustaba solucionar problemas y éstos eran especialmente llamativos. La involucraban emocionalmente; entonces eran mucho más difíciles de resolver en forma objetiva.

Puso en marcha el motor, soltó amarras, y se fue, sin velas. Temía no llegar a tiempo, antes del anochecer. Si llegaba temprano, podría izar las velas un rato para despejarse; de lo contrario, tendría que esperar al día siguiente.

Adriana esperaba el taxi para que la llevara al aeropuerto, pero no llegaría por una media hora. Le pidió a Ron que se acercara, y se disculpó por el comportamiento que había tenido antes de la partida.

-No fue mi intención ofenderlo, pero estaba muy nerviosa con todo eso de la navegación y..., disculpe.

-¿Qué les pasó? ¿O tenían programado que usted volviera antes?

-No. Lo decidimos a último momento.

-Prefiere no hablar. No se preocupe, la entiendo.

Ron llegó a sentir lástima por esa mujer. Parecía mucho más frágil y sensible de lo que había percibido anteriormente. Hubiera querido alegrarla de alguna manera; pero vio que se acercaba el taxi, y simplemente se dedicó a ayudarla con el bolso.

Pocos minutos después sonó la radio, y Ron tuvo que dejar de lamentarse y ponerse a trabajar. Era Iannis. Habían perdido el bichero, y necesitaban otro. Ron le comentó que era tarde para conseguirlo, se lo acercaría a primera hora del día siguiente. Le dijo que, si era indispensable, sería preferible que se contactara con algún barco vecino.

-Hablando de vecinos, ¿tiene noticias del *Navenganz*? Dejé unos anteojos hace unos días, y quiero recuperarlos.

-Estuvo en la marina, pero acaba de partir. Llámelo por radio, y tenga paciencia si no le responden: sólo quedó una de las mujeres; la otra se fue al aeropuerto.

¿Qué lo impulsaba a dar tantos detalles? Era incorregible, por eso tenía mala suerte; ¿por qué se la pasaba buscando líos?, ¿por qué se metía en donde nadie lo llamaba?

-¿Cuál se fue? ¿La morocha o la rubia?

-La morocha, y furiosa. La rubia tampoco estaba muy feliz que digamos. Si fuera usted, me quedaba sin los anteojos. Ésas son más problema que otra cosa.

Iannis agradeció el consejo, se despidió, y prendió la radio para llamar. Probó varias veces, pero no obtuvo respuesta.

La rubia, como la describiera Ron, navegaba con una serie de sentimientos cruzados. Por un lado, quería entender qué había pasado; y, por otro, estaba sola y arriba de un velero. Escribió nuevamente unas líneas:

¿Qué me atrae tanto de esto? Es una libertad completa. Eso me sale, nada más que eso. Libertad hasta ahí no más; porque, si lo miro como Adriana, estoy confinada a un barco... ¿tanto me gusta estar sola? Claro, no es lo mismo la soledad momentánea y voluntaria, que la impuesta por un abandono, por una muerte; supongo que no... Eso debe de ser triste, (aunque, quizás, si fuera abandonada, sería porque yo lo hubiera provocado..., pero me estoy desviando del tema)... Esta soledad, en cambio, es de una autonomía espiritual incomparable. ¡Ahí está! Autonomía espiritual. Buenísimo..., no sé a quién le sirve que lo haya definido, excepto a mí misma... Bueno, basta de divagues, dejo la birome, y disfruto de ser ESPIRITUALMENTE AUTÓNOMA... jajaja.

Uno no puede estar escuchando música mientras escribe una novela. Tengo toda la intención de seguir con el cuento de Nicole, Adriana, Iannis...y falta Raquel, a quien todavía no conocen. Pero disculpen la interrupción... recién apareció una canción que me emocionó, y pensé en nuestra charrúa...tratando de disfrutar el momento, y, sin embargo, no puede dejar de pensar. Quiere recomponer lo que sea que se haya roto... todo esto en su mente... bue, todo esto es dramatizar un poco... Vuelvo a la novela... en la radio del *Navenganz* se oye la voz de ¡Iannis!

Nicole bajó a contestar, no muy convencida. Sabía que le iba a costar hablar con él, sin quedar en verlo. ¿Por qué? No lo tenía claro, pero igualmente marchó hacia la cabina. Al bajar, vio dos cajones abiertos, y tuvo la certeza de que no había sido ella quien los dejara así. No, y tampoco se habían abierto solos. Vamos, idiota, no te vas a imaginar fantasmas a esta altura del partido. Claro que no. Fue la otra desordenada, que sacó todo y no cerró... El libro, falta el libro, ¿puede ser que Adriana sea tan rebuscada? Nicole, durante años, había pensado que lo complejo, por así decirlo, era un atributo en los argentinos; pero había descubierto, muy a su pesar, que era propiedad de las personas a quienes ella se acercaba. ¡Qué gente complicada! Cambió de canal para evitar hablar con Iannis, y llamó a la marina... Por favor Adri, decíme que no te fuiste todavía.

-Disculpe, Ron, ¿me pasaría con la mujer que se bajó del barco hace un rato?

-Imposible. Recién pasó el taxi a buscarla... Ah, no, espere... ¡LADY!

Adriana cerró la puerta del auto, y saludó, sin ánimo alguno, al gordito que corría gritando algo. Bajó la ventana, oyó que la llamaba su amiga, o ex amiga, y le dijo a Ron que le mandara saludos, que la contactaría por mail desde casa.

-Ah, ok.- y volvió caminando para dar el mensaje.

-No, Ron, espere, ¿me escucha por un rato? Esto es urgente –la radio era incómoda para este tipo de situación, pero no tenía alternativa –Necesito hablar con ella ahora. Dígale que ya sé por qué se enojó, y que está equivocada... Ron, llame a la aerolínea... haga algo… voy para allá.

Ron prometió que haría lo posible, si bien tenía muy pocas intenciones de cumplir. Esperó unos minutos, y le comunicó a Nicole que no contestaba nadie en el aeropuerto. Algo que era muy probable; y, aunque le hubieran contestado, difícilmente la persona del otro lado de la línea, se tomara el trabajo de buscar a la pasajera en cuestión.

Era tarde para volver a la marina. Había otra posibilidad de comunicarse con Adriana. Con su celular, llamó a su amiga Raquel.

Raquel había asistido a una convención de neuropsiquiatría en Miami, agendada para esa época hacía años. Cuando Nicole le había comentado del viaje que pensaba hacer con su amiga, ella había dudado. Le había parecido un programa divertido y había querido prenderse; pero su amiga la había frenado antes de que dijera nada. Con su habitual falta de diplomacia, y haciendo caso omiso de la cara de "invitame" de Raquel, Nicole le había contado: -¡Qué felicidad! Voy a poder estar, una semana entera con Adriana, sin que nadie nos moleste. Por fin pude convencerla. ¿No te parece buenísimo?

-La verdad, te envidio.

-No te hagas la ofendida. Nunca me hubieras aceptado una invitación así. Tu maridito te mata.

Conclusión hecha, mal o bien, la invitación no se había llevado a cabo, y Raquel se había quedado con las ganas.

Capítulo X

Después del llamado de Nicole, Raquel, parada en la sala de espera, adonde en cualquier momento aparecerían los pasajeros desde Puerto Rico, se preguntaba cómo había dejado que la convencieran de tal disparate. Trataría de llevar a cabo el pedido de su antes paciente, y ahora amiga; pero dudaba de su capacidad para semejante tarea. Se abrió la puerta de salida, y empezaron a aparecer personas de todo tipo. La descripción de Nicole le había dado un indicio, pero no estaba segura de que fuera suficiente.

-Fijate bien Juliette-. Nicole la había apodado así por su parecido con Juliette Binoche, la actriz francesa; y le encantaba-. Es igual a vos, pero tiene todo más alargado y menos suave. Es súper elegante. Y, por lo general, está con cara de enojada; ahora más que nunca.

Buscaba a una mujer delgada, con pelo corto, cara de enojada, y muy elegante. Pasaron lo que le pareció centenares de individuos y, por detrás de un matrimonio mayor, vio un par de mujeres que salían charlando, riéndose... Raro: una de ellas cumplía con la descripción... excepto la expresión.

-Perdón, ¿Adriana Uribe?
-La misma, ¿quién quiere saber?

Honestamente no tengo idea de qué le dijo Raquel a Adriana, porque esa parte de la historia no la tengo resuelta... Pero da igual... ya me enteraré.

En su llamado a Nicole, antes de salir del aeropuerto, Raquel le había dicho que, lamentablemente, su amiga colombiana era bastante más testaruda de lo que pensaba; y que no la había podido retener ni un segundo para explicarle nada.

-Voy a cambiar de psiquiatra. Sos un desastre, no podés convencer...

-A ver, caprichosa. Me lo pediste como amiga, no como profesional. Igualmente, tu ex compañera de viaje tenía algo de razón en dejarte. Oíme, esto está saliendo una fortuna de *roaming*. Estoy segura de que podés pensar en mil formas de divertirte durante los días que te quedan para navegar. Hablamos cuando llegues a Buenos Aires.

Normalmente, con lo ansiosa que era, Nicole hubiera insistido en verla en ese mismo momento; pero si algo lograba calmar su sistema nervioso era la imagen que tenía justo a proa. Mientras hablaba por teléfono, había tenido que cambiar su rumbo. Al recibir el llamado, había puesto el barco paralelo a la costa, para no fondear, y había quedado mirando hacia el oeste... El *Navenganz* y ella estaban siendo testigos de una puesta de sol encantadora, sobre un mar casi dormido. Un mar que invitaba a disfrutar del momento, sin riesgo, para luego fondear y soñar, acompañados por el vaivén del agua.

Dejo por un rato a Nicole. Además, si no cambio de paisaje, me va a costar concentrarme.

En Miami, Adriana indagaba a Raquel. Tenía curiosidad por las visitas que periódicamente hacía Nicole a un psiquiatra.

-Dígame una cosa, ¿cómo es eso del chequeo semestral?

-Se le ocurrió a tu amiga. Al poco tiempo de verla, le di el alta; pero ella insistió en venir cada tanto. Dijo que el resto de los mortales se hace revisaciones médicas, y se concentra en la salud de los órganos y músculos. Pero si el motor de todo aquello falla, el sistema deja de funcionar en poco tiempo. Por lo tanto ella, si yo podía y quería, se haría un chequeo mental cada seis meses. Así surgió la idea. Es un título comercial, y como concepto, atrajo a muchos que, de otra manera, se hubieran negado a ver un psiquiatra.

-Es que, para algunos, ir a un psiquiatra es como admitir una debilidad, ¿me explico?

-O a un psicólogo. Una de ellas era nuestra amiga.

-Y ella, ¿por qué la fue a ver?

-Eso no te lo puedo contar. Te lo cuenta ella si querés. Tiene poco problema en hacerlo. Podemos hablar del tema más reciente. Creo que es la razón por la cual ustedes se separaron.

-¿Además de psiquiatra es adivina?

-No, pero Nicole me dijo que te explicara por qué andaba con el libro en el barco. El que te llevaste. Y, si no me equivoco, tiene que ver con tu enojo. Además, pide que se lo devuelvas; que, si querés uno, te lo compra.

-Bueno, cuente pues. ¿Por qué anda mi amiguita con el libro?

-¿Por qué no se lo preguntaste directamente a ella?

-No se ponga a analizar, que para eso ya tengo a mi familia.

Charlaron un rato más y decidieron cortar un rato para llamar a Ron. Necesitaban que les preparara la llegada a la isla.

Vuelvo al Caribe, esta vez para oír nuevamente la voz de Iannis en la radio.

-Llamando al *Navenganz*. Aquí el *Boomerang*.

Nicole estaba entre apagar la radio o contestar. Decidió no hacer ninguna de las dos cosas. Necesitaba tiempo y calma para evaluar el momento que vivía. No tenía intenciones de distraerse con los divagues de un piloto en crisis. Era mucho lo que quedaba por resolver, por escribir…, por vivir. Con algunas dificultades, pudo encontrar una boya, y detuvo el barco. Ordenó la cubierta del barco, y bajó a prepararse algo para comer. Si algo aplicaba en la náutica era la prevención. Tenía que mantenerse alimentada, seca y abrigada. De esa manera, podía enfrentar la mayoría de los contratiempos que se le presentaran. Comió unas verduras, y las acompañó con un vaso de leche helada. Una combinación que últimamente la satisfacía. No tanto como un alfajor con una Cocacola; pero, sorpresivamente, no tanto menos. Era lamentable que no pudiera hacer lo mismo con el cigarrillo, y reemplazarlo por un vaso de agua. Pero eso quizás llegaría en otro momento. Tomó la birome, y siguió:

Bueno, vamos a lo importante. Que no tengo idea qué es. ¿Qué me preocupa más? Entender qué la llevó a Adriana a ser lo que es hoy, o descifrar si quiero pasar más tiempo sola, sin Bigo. Lo primero es quizás una curiosidad, y hoy no genera en mí conflictos existenciales (¿o sí?). Mi relación con Bigo es otra cosa. Si supiera que puedo tenerlo después de tomarme un tiempo a modo de retiro, lo haría..., estoy totalmente idiota..,. éste es uno de esos momentos. ¿Por qué no lo aprovecho, dejo de quejarme, y listo? ¿O voy a decidir una anormalidad como decirle, al volver, que me voy? Totalmente absurdo. Bueno, ya está. El tiempo de retiro es este..,. ¿para qué lo quería? Ah, sí..,. necesitaba saber si prefería un mes cruzando el Atlántico... ¿para qué? Una pregunta adentro de otra... soy una calesita... Además, como si alguien me frenara para tomármelo..., es simplemente dejar de utilizar las horas que dedico a producir un bien que no necesito, y cambiarlo por aquél que pueda dar algo más. ¿A quién? A mí, para empezar..., y si puede ser a algún otro humano, mejor. Típica duda de alguien a quien le sobra el tiempo..., y la respuesta es fácil... Hasta ahora trabajaba en algo que sentía que aportaba algo, y hoy no siento lo mismo. Día tras día cumplo con un deber, pero aporto lo que muchos podrían de igual manera. A mí me da plata, nada más. Y me resta de pensar en otro tipo de aporte... Ta. El conflicto no es con Bigo..., soy yo, y la solución, como de costumbre, la tengo dentro de mi propio laberinto. Listo, ya comí y tomé algo nutritivo, escribí y con eso alimenté mi intelecto..., tiempo de un Bailey's y un cigarrillo. Ufa, otra vez la radio.

-The Berths *llamando al* Navenganz.

Contestó el llamado de la marina, y quedó algo molesta con el mensaje. En realidad eran dos. Uno de parte del *Boomerang*, que buscaba recuperar no se sabía qué cosa que olvidó uno de sus tripulantes a bordo; y otro, pidiéndole que definiera su rumbo de navegación para las próximas veinticuatro horas. Tenían que enviar unos mecánicos a reparar el estay de popa, el cable que va de la parte de arriba del mástil a la parte de atrás del barco. Asomó la cabeza, y no vio nada raro.

Pidió aclaraciones con respecto al objeto que, supuestamente, había olvidado Iannis; y dijo que al otro día esperaba estar almorzando frente a The Baths, alrededor del mediodía. Se quedaría hasta las cuatro.

-Ron, no veo nada mal con el estay.

- El problema está en el extremo que lo une al mástil.

Con bronca, porque no le gustaba que le impusieran horarios, y porque seguía sin ver el problema, prometió cumplir con el itinerario, y comentó que ella se comunicaría directamente con el *Boomerang*. Bajó el volumen de la radio. Estaba cansada, pero tranquila. Era conciente de que navegar el Caribe no era un desafío en esa época del año; pero cada vez que lograba salir de una marina, navegar a vela, y llegar a otra, la invadía una misma satisfacción. Una sensación de logro y de conquista, y le gustaba tomarse el tiempo necesario para saborearlo. Lo hacía ahora, con tanto orgullo, como el día en el que había superado la navegación con un pampero, en el Río de la Plata. La había agarrado de sorpresa; e, inicialmente, la había llenado de temor, de agua y de frío... Pero después de superar el susto inicial, había llevado el barco con confianza, concentrada. Al llegar a la amarra, se hubiera quedado en el barco para revivir mentalmente la conquista de una tormenta. Le fue imposible, a causa de la lluvia torrencial que continuaba cayendo y de la multitud de velas que ocupaban el interior de la cabina.

El silencio se interrumpió una vez más. Iannis insistía con el llamado, sin importarle las interminables indirectas de sus dos compañeros.

-¡Qué ganas de meterte en un lío! Dale, flaco, la idea era tomar un descanso de las brujas que tenemos en casa, ¿qué necesidad de agregar otras? Sebastián, dame una mano. Tirále un poco de hielo, a ver si reacciona.

Era como hablarle a un muro de cemento. El otro seguía, pegado a la radio, llamando al *Navenganz*.

-*Boomerang* al *Navenganz*. Contesten. Cambio.

-Acá *Navenganz*, a ver si liberás el canal de una vez. ¿Qué te pasa Iannis? Cambio.

Mudo, se quedó mudo. No tenía idea de qué quería decirle; tenían razón los otros dos, era un imbécil.

-Nada, dejá. Pensé que había dejado los anteojos, pero los acabo de encontrarCreo que me dejé los anteojos la primera vez que fui a tu barco. Pero los voy a buscar acá u poco más. Cambio.

-Soné muy antipática, perdoname. ¡Suerte con la busqueda! Bueno, *Boomerang*, un beso a vos y a los otros dos. Cambio y fuera.

Chau, listo. ¿O era un juego? Cambio y fuera, ni loco.

-*Navenganz*, andá preparando un Bailey's, y dame tu ubicación. Acá no están. Cambio.

-¿No podés esperar hasta mañana? Ron ya me dijo que tenía que traer algo. Si encuentro lo tuyo, se lo doy; si no, te aviso temprano para que vengas al mediodía... Voy a estar frente a The Baths. Cambio.

-Hoy me venía mejor, tengo los ojos destrozados del sol. Cambio.

-Viniste de noche al *Navenganz*. Cambio.

Iannis tuvo miedo de apretar el botón de la radio, y que se escucharan las críticas de sus amigos. Lo conocían desde hacía años; y, normalmente, envidiaban la capacidad de seducción del piloto. Pero, con la rubia, estaba mostrando otra faceta. Ese mismo día la había buscado con binoculares, asomado sobre la cubierta, medio cuerpo afuera. Sebastián había realizado una maniobra brusca con el timón, siguiendo las señales de Álvaro desde proa, y por poco lo tiran al agua. Al perder el equilibrio, Iannis había caído hacia el exterior del barco, y había quedado colgado del guardamancebos, el cable que recorre el costado de la cubierta, protestando en vano mientras lo ayudaban a subir. Si no podían frenarle la calentura, por lo menos se divertirían. Nicole se mantuvo firme.

-Iannis, no lo tomes mal, pero tenía muchas ganas de estar sola un rato; y mañana, por lo que veo, me tengo que ajustar a un horario. Prefiero que vengas a eso del mediodía y buscás tranquilo, ¿dale? Cambio.

Iannis miró a sus amigos con cara de resignación, les pidió un *whisky* y optó por olvidarse de todo, haciéndole caso a quienes, en ese momento, lo superaban en sabiduría, a pesar de ser menores.

Capítulo XI

En Miami, Adriana no salía de su asombro. Estaba desconocida; a punto de improvisar, de cambiar fechas de partida, cancelar reuniones... Tenía bastante que acomodar para poder volver al *Navenganz*. Lo más difícil iba a ser la conversación con Camila. Podía postergarla por un tiempo, pero era absurdo. Tomó el teléfono y discó, rogando que le respondiera el contestador.

-¿Aló?

-Mi amor, ¿cómo está?

-¿Pasó algo? ¿Está bien? ¿No se supone que está navegando con esa amiga suya?

-Sí, sí, y por eso llamo. Quería avisarle que voy a navegar unos días más. Tuvimos algunos percances, y se atrasó todo; cuando llegue, le doy los pormenores. Cuénteme, ¿sigue tan chusca como siempre?

Silencio total del otro lado. Adriana tampoco dijo nada, esperando que pasara la sorpresa; y se puso a jugar con el cordón del teléfono, con tal mala suerte, que lo desconectó. Puso todo en su lugar lo más rápido que pudo; y, de los nervios, marcó varias veces antes de dar con el número indicado. Cuando por fin consiguió comunicarse, le respondió el contestador. No le agradó para nada. Camila no le iba a contestar, y la dejaría con el cargo de culpa por un tiempo. Probó un par de veces más, hasta que decidió dejar un mensaje.

-Ya se enojó pues. No haga eso, que es mucho más bonita cuando sonríe. Seguro que está sonriendo, y está ahí escuchando. Ok, mi adorada Camilita, la veo en diez días. Y, oiga..., no sea boba, que usted es lo que más quiero en el mundo.

Colgó, esperando haber tenido el efecto que normalmente tenía con esas palabras. Probaría llamar otra vez a la mañana siguiente, antes de volver al Caribe. De una forma u otra, se iría a navegar. Camila podía hacerse la ofendida, pero su vida sería más fácil si no se complicara tanto. Prendió el celular, aunque dudaba de que la llamaran, y bajó a encontrarse con Raquel.

-Dígame una cosa, ¿qué comemos? Yo estoy para un buen pedazo de carne, y un vino.

Raquel la miró extrañada. La había visto subir con una expresión, y bajado con otra; pero simulaba mantener la actitud de superada

-Aprovechemos que no está Nicole para comer en un restaurante como la gente. A partir de mañana nos va a tener a picadas y sándwiches.

La conexión entre la psiquiatra y la arquitecta había sido buena desde el principio, y se fue afianzando durante la comida. Si bien se habían visto por primera vez sólo unas horas atrás, ambas se sentían muy cómodas con la otra; como si hubiesen estado juntas durante toda una vida. Era curioso. Hasta tenían un parecido físico; cualquiera que las viera sentadas pidiendo el menú, pensaría que eran hermanas o primas. Adriana tenía una sensación rara, porque sabía que la otra era capaz, si quería, de verla tal cual era; y eso no la dejaba del todo tranquila. Igualmente, por alguna razón que no terminaba de entender, no estaba a la defensiva. ¿Sería porque, en este caso, se protegía con la excusa de que lo estaba haciendo por su amiga la navegante? Estaba relajada, lo cual era todavía más de extrañar. Pero basta, no se iba a detener en sensaciones, simplemente las viviría.

Nicole fue el tema principal de conversación durante gran parte de la velada. Las dos fueron discretas con respecto a secretos que tuvieran; en especial, Raquel. Pero les dio para hablar y conocerse, sin entrar, ninguna de ellas, en sus propias historias. El diálogo fue serio, no por eso aburrido; y, a medida que el vino se consumía, pasó a tener un tono más melancólico, si la palabra da para describirlo. Raquel estaba extenuada del trabajo que había realizado los últimos meses; no estaba para analizar a nadie por un tiempo, y le había venido muy bien el llamado de Nicole. Era un buen pretexto para tomar distancia de toda responsabilidad.

Su marido era un hombre mayor, con pocas necesidades materiales, y una vida llena de pasatiempos; los cuales, a veces, compartía con ella. Por lo general, se autoabastecía de hobbies.

Lo llamó para avisarle que extendería su viaje. Le comentó que se iba a navegar unos días. No terminó de explicar el por qué; obtuvo una aprobación inmediata. Si no hubiera sido por la pregunta de Adriana, ni se acordaba de la conversación.

-Dígame, ¿cómo es eso de que a su marido no le importa que se vaya y vuelva cuando se le da la gana? ¿Acaso no se muere sin tenerla a su lado?

Empezó a responder, y se frenó. En realidad, no se había detenido a pensar en la indiferencia que su pareja le demostraba.

–Hasta ahora supuse que era una afortunada. Que era un hombre seguro, que no necesitaba controlarme todo el día. Pero, tenés razón. Últimamente, no muestra ni celos. Y antes era insoportable.

-Mire si se va a poner a dudar ahora. Por lo que me cuenta, usted es la envidia de todas; puede hacer lo que quiere, y nadie la molesta.

En el fondo, Adriana prefería la ofensa de su pareja a la respuesta que había recibido de la doctora en cerebros, como la había bautizado.

Dejo un rato esta historia, porque ya me tomé mitad de una copa de vino; y, entre el efecto del alcohol y lo compenetrada que estoy con los personajes, en cualquier momento llamo yo misma al marido de Raquel y le digo que es un cretino. Porque estoy segura de que anda con otra. Me voy a bañar, y sigo cuando mis neurotransmisores recuperen su ritmo.

Listo, ahora estoy algo más despejada. Puedo volver atrás, y darme cuenta de que, a lo mejor, el marido de esta psiquiatra tiene la sabiduría de retener a su mujer, basándose en la confianza y la independencia. Pero siempre fui medio ingenua. Sigo entonces con el relato. Y el intercambio de preguntas entre ellas dos.

-Decíme una cosa, ¿hace cuánto que estás con Camila? Desde que empezamos a hablar, nos hemos dedicado a la vida de la ermitaña. Para ser justas, deberíamos pasar a otra; y la mía, por lo que veo, es mejor dejarla antes de embarrarla.

-Estoy con ella hace seis años. Le voy a contar lo que sea para que no ande adivinando. No sé mentir, y, además, si lo hiciera, se daría cuenta. ¿Qué quiere saber?

Raquel sonrió ante la honestidad. No veía a la colombiana con ojos de paciente; de hecho, prefería evitar que la relación tomara ese rumbo. Había tratado a varios homosexuales. Había estado muchos años dedicándose a entender, y a ayudar a quienes quisieran cambiar de orientación. Todos habían sido hombres. De sus pacientes, más de uno había cambiado sus preferencias sexuales. Uno, en particular, había roto relaciones con el hombre con quien vivía desde hacía cinco años, siempre apoyándose en la terapia. Había logrado enamorarse de una mujer, y le había propuesto matrimonio. La familia lo había apoyado en su decisión pasada, y también en la nueva; por ese lado, no tenía de qué quejarse. A los pocos meses de casado, su mujer le había anunciado que iban a ser padres. La felicidad lo había abrumado, y había sido mayor al nacer su primer hijo; seguido, diez meses después, por otro más. Ni siquiera llegó a anotarlos en un jardín de infantes. A los tres años, con hijos que todavía usaban pañales, había visto una pareja de hombres intercambiando caricias en un banco de una plaza, y no había podido retirar su mirada. Dos meses más tarde, su mujer, cansada de la intriga con respecto al cambio de actitud de su marido, lo había encarado y le había pedido que le contara qué era lo que le estaba pasando.

-Si es otra, decime; pero no puedo seguir viviendo así.

Él había llorado. Le había confesado que había otra persona, y que no era una mujer.

Desde ese momento, Raquel dejó a sus pacientes homosexuales. La había frustrado sentirse partícipe de la destrucción de ese grupo. De no haber alentado el cambio, esa familia nunca se hubiera formado, y no existirían dos hijos más con una base sin cimientos. Mantendría su relación con Adriana en el plano personal. Nada de análisis.

Es impresionante lo que logra este vino. Es Humberto Canale, cosecha del 99, y nuevamente me desvía del tema... ¿Para qué diablos vuelven al Navenganz Raquel y Adriana? ¿Qué fue lo que le dijo Nicole a Raquel cuando la llamó, y qué le dijo Raquel a Adriana para convencerla de que se quedara, y volvieran al mar? Y, además, ¿por qué fue Nicole a ver a Raquel como paciente?, ¿qué le pasaba? Y... ¿por qué a una psiquiatra, y no a un psicólogo? Canale me impide responder todo al mismo tiempo. Sigo.

Ajena a la conversación en tierra, Nicole prendió el equipo de música del *Navenganz* y se deleitó con las composiciones de Felipe Campuzano. Música sin letras, simplemente instrumentos..., sin palabras que la transportaran a sentimientos de ningún tipo, ni negativos ni exuberantes. Sencillo. Con el movimiento sutil del barco, y la combinación casi perfecta del pianista, se resistió al sueño que acechaba sin perdonar. La noche era ideal; la oscuridad casi total, de no ser por las luces de un velero alejado a unos pocos metros. Tomó la bolsa de dormir, y se acomodó en el *cockpit* boca arriba. Adivinaría los nombres de las estrellas. Todavía no había estudiado la navegación por sextante: era algo pendiente. Igualmente, pensaba quedarse a descifrar lo poco que retenía de su época de colegio. Si algo agradecía, era la educación que había recibido en Colombia. Había ido a un colegio de monjas. Todas mujeres; y, en sus recuerdos, uno de los mejores momentos de su vida. Repetía que, si algo había aprendido, había sido durante esos años; y que no se acordaba nada de la secundaria, en un colegio estatal de Estados Unidos.

Había comentado esto en una charla con Raquel, y la respuesta le había sonado razonable. La conexión de Nicole con Raquel había sido siempre algo curioso; ya que, en el momento en que la uruguaya tenía ese pensamiento, el diálogo, en Miami, era exactamente acerca de lo mismo.

-En general, las personas tienen distintos ciclos de aprendizaje- le comentaba Raquel a Adriana -De chicos, hasta más o menos la etapa de jardín, están resolviendo el rol que juega cada uno de los personajes: el padre, la madre, los varones, las mujeres, y las diferencias entre todos ellos. Durante la primaria, son como esponjas. Esta curiosidad la han dejado de lado, no porque esté completa, sino porque todo el resto pasa a cobrar un interés mayor cuando pasan a ser adolescentes...

-¿Quiere más vino? Yo creo que otra copita no vendría mal. Cuénteme cómo es eso de que Nicole la fue a buscar a usted para que le arreglara la vida.

Al diablo con el tema del aprendizaje, pensó Raquel. Cuán diferente era esta mujer de su amiga. Quizás por eso habrían congeniado en la adolescencia. Nicole se habría fascinado con cualquiera de estos resúmenes, en los cuales podía tomar conclusiones e incorporarlas a las personas que conocía. Mientras le servía el vino, Adriana insistió en preguntar la razón por la cual Nicole había pedido ayuda en un principio.

-Muy bueno el truco, pero ya te dije que no podía revelar nada de esas visitas. Pero insisto en terminarte el cuento. Cuando le dije esto a ella, automáticamente cambió de opinión con respecto al sistema de educación americano. Según lo que me dijo, vivía diciéndole a todo el mundo que lo único de que se acordaba se lo habían enseñado en Bogotá; y que los americanos tenían un sistema malísimo, que le había permitido sacar buenas notas sin aprender casi nada. Después de mi comentario, prometió que dejaría de lado la crítica a los norteamericanos. Su caso sólo comprobaba una teoría de edades, no de sistemas.

-¿Todo eso le dijo? ¿Pedimos el postre?

Adriana estaba cansada, y sentía que era su deber tratar de hablar con Camila. Sin duda, la otra iba a quedarse toda la noche despierta, pensando cosas absurdas. Qué complicada se había puesto esa relación. Raquel pareció adivinar sus pensamientos.

-Pedí la cuenta y vamos a descansar.

Capítulo XII

Iannis y sus amigos habían jugado a las cartas hasta tarde, y habían tomado un poco más de la cuenta; pero, como se habían quedado dormidos arriba, al aire libre, igual el sol los despertó temprano, antes de lo que hubieran deseado.

-¿Vas a seguir inflando los testículos con tus anteojitos?, ¿qué diferencia te hace?

-Si vas a buscar al fantasma de los anteojos, nosotros nos vamos a bucear. Si no, navegamos un poco.

-Naveguemos hacia The Baths.

-Estamos al lado, no seas denso. Andá y hacé el idiota vos solito. Volvé cuando quieras, al barco lo dejamos acá. Nos encontramos para almorzar..., o no. Todo depende de lo rápido que te pateen.

En el *Navenganz*, Nicole se había levantado media hora antes de que saliera el sol. No lo había programado, pero estaba encantada. Durante años había visto el amanecer, producto de un insomnio que la mantenía al trote. Se dormía a las diez u once de la noche, y se despertaba alrededor de las dos de la mañana, sin posibilidad de cerrar los ojos hasta la noche siguiente. Al principio había peleado con la almohada y los ronquidos de su marido; pero, al cabo de unas semanas, había optado por irse al living, prender la luz, leer, trabajar o escribir. Cuando veía que estaba por salir el sol, preparaba la primera taza de café, y se sentaba frente a la ventana, si era invierno, o afuera, en mejores épocas; y disfrutaba del comienzo de otro día más. Nunca había sentido cansancio. No durante ese período. Su trabajo le encantaba, y empezarlo antes que la mayoría de sus compañeros, le había brindado cierta satisfacción. Bigo se asombraba de la capacidad que tenía de dormir tan poco, y le había pedido que hiciera un esfuerzo por descansar. Insistía con que no era saludable sostener un ritmo similar por tanto tiempo. Estaba en lo cierto. Nicole llegó al agotamiento unos años más tarde. A pesar de eso, seguía sin dormir bien de noche, y empezó a aislarse. Los fines de semana dormía siestas de tres o cuatro horas, cosa que disgustaba bastante a sus amigos, en especial a su marido. Iba a lugares frente al agua, y pasaba horas escribiendo. No tardó mucho en aparecer quien la entendiera, y brindara el hombro necesario. Después de dar una conferencia en un salón repleto de colegas, varios la habían felicitado; pero uno de ellos, Diego, había ido más allá,

-Me estás volviendo loco.

Sintió nervios, pero se había quedado a escuchar más.

-Me debés un almuerzo... te lo cambio por una comida. ¿Qué hacés mañana?

-Salgo a comer con vos.

Ni ella había podido creer la respuesta, pero no se había echado atrás. Habían ido a un restaurante en una zona bastante concurrida, nada oculto, excepto las intenciones de ambos. Sentados uno frente al otro, a Nicole le había temblado cada rincón de su cuerpo. Le había costado mirarlo a los ojos por miedo a delatar su sensación. Él había roto el silencio.

-Antes de empezar, pongamos las reglas claras. Esta noche no se habla ni de parejas, ni de trabajo. Se permite únicamente todo aquello que nos dé piel de gallina.

-Ok, empezá vos.

El mozo no se había acercado por miedo a interrumpir. Había visto las miradas, o sentido la electricidad entre los dos, y había preferido observarlos y alimentar sanamente su envidia. Esperó la señal para acercarse a servirles el vino y la ensalada.

-Hace años que me imaginaba este momento. Desde que nos vimos por primera vez en esa licitación, tengo ganas de estar así, con vos. Ganas de conversar y de mirarte hasta el cansancio...

Los nervios de Nicole se habían transformado en una excitación que había vivido varias veces de adolescente, y muchas otras con Bigo. Ella no había tenido la misma sensación al conocer a Diego, pero su perspectiva había cambiado desde la invitación del día anterior. Habían trabajado juntos durante varias horas, y fascinados con la solución de problemas complejos. Esta noche, además de considerarlo inteligente, lo veía muy atractivo.

-Verte trabajar y mantenerme quieto era cada vez más difícil. ¿Te acordás de esa vez cuando no encontrábamos...?

-No se permitía hablar de trabajo. Vos mismo pusiste las reglas.

Frente a decenas de personas, Diego había extendido su mano y le había acariciado la mejilla,

-Tenés razón, ¿pido la cuenta?

-Dale.

Caminaron en silencio hacia el estacionamiento. Se habían rozado. Pero no más que eso; por miedo a ser vistos, y por temor al fuego que habían encendido. Él le abrió la puerta del auto, tomó su lugar y, antes de ponerlo en marcha, giró y preguntó:

-¿Te puedo dar un beso?

Ella había quedado muda, esperando que algo le señalara que lo correcto era negarse; pero no lo había hecho. Él había aclarado que, sin su permiso, no lo haría. Y Nicole, con una sonrisa que lo decía todo, abrió el camino, sin moverse de su sitio.

-¿Pido la cuenta?, ¿te puedo dar un beso?... ¿Vas a pedir permiso para todo?

Ése fue el único beso al que accedió, pero había logrado traumarla lo suficiente. Si bien nunca había permitido nada más, había sido conciente de que la infidelidad se había cometido. Se había encontrado con Diego en cafés, en salas de reunión, en su oficina, siempre en horario de trabajo, y siempre para charlar. Las conversaciones se fueron haciendo cada vez más largas, más interesantes y más comprometidas. No había dado rienda suelta al deseo, pero sí había abierto su corazón; y, peor aún, su mente. Nicole ya no tenía perspectiva. Cuando recibía un llamado de Bigo, lo sentía como una desilusión, porque esperaba que fuera Diego. Cuando era él, su piel se estremecía. Volvía a su casa y, noche tras noche, pensaba en alguien que no era justamente quien tenía al lado. Se había asustado. Quería volver a sentir eso por Bigo. Cuando lo pensaba en forma objetiva, se daba cuenta de que Diego era algo nuevo y, por ende, mucho más divertido; pero sabía, también, que debía dejar la fantasía y acelerar el paso, para perder esa obsesión antes de perder parte de su vida. Nicole buscó ayuda. Llamó a su madre y estuvo a punto de infartarla.

-Mamá, ¿qué hago? Me gusta otro.

-Gorda, te llamo más tarde. Tu padre te manda un beso. Dejá de pensar idioteces, y mandale un beso a Bigo.

Su discretísima y muy sabia madre no podía hablar, y era entendible. Entonces fue a almorzar con su abuela.

-¿Alguna vez te pasó que te gustara otro hombre mientras estabas casada?

-No tuve mucha oportunidad. Tu abuelo nunca se iba de viaje.

Sin contestarle directamente, su madre, con el reto corto, y esta señora, con la indirecta, habían calmado sus inquietudes. La abuela de Nicole, por abuela o por naturaleza propia, había optado por acompañar la travesura de su nieta, y darle el puntapié que ella necesitaba.

-¿Te acordás de ese ejercicio que consigue que un muchacho se convierta en una molestia? ¿Por qué no lo probás?

Nicole había pensado en eso antes; pero no había tenido ganas suficientes para ponerlo en práctica, hasta ese momento. Era hora de que apoyara los pies sobre la tierra, y se concentrara en Bigo. Lo había convertido en un estorbo, y ahora tenía que revertir la situación. Había vuelto a su casa con determinación.

Cómo consiguió lo que se propuso, no lo sé. Pero hay un papel escrito a las apuradas, pegado a una foto de Bigo que dice:

¡Pensar que casi lo pierdo! ¡Qué idiota que fui! ¡Qué felicidad estar otra vez enamorada! Sí, Bigo, yo también estoy encantada.

Bigo, en esa foto, está con el dedo índice debajo de un ojo, con la cabeza inclinada, mirando a la cámara, en un gesto de: "ojo, ¿eh?"

Pudo recomponer su pasión. La unión había sido fuerte antes del episodio y, posteriormente, ambos habían tenido la cordura suficiente como para sobrepasar el obstáculo, pero Nicole no había conseguido recuperar el entusiasmo por lo cotidiano; menos, por la vida social. Eso era un problema, y grave. Bigo tenía innumerables compromisos, a los cuales había que acompañarlo; el esfuerzo era cada vez mayor. Fue en ese momento cuando conoció a Raquel. Había escuchado el nombre de la psiquiatra en reiteradas ocasiones, y sus referencias eran excelentes. Según decían, resolvía los casos en poco tiempo; no en años de visitas semanales analizando la niñez o haciendo regresión. Tampoco quería hacer terapia de pareja. Ella era el problema. Raquel le había comentado que, de no verlo a él, iba a correr peligro su matrimonio. La crisis había existido, y el divorcio era un riesgo li la trataba en forma individual. La había convencido para que hiciera, por lo menos, una sesión con Bigo; y, después, pudo sacarla adelante en un par de meses. Por una serie de pruebas, descubrió que la uruguaya había sufrido un *surmenage*. Le había recomendado tomar unas pastillas por el lapso de dos a seis meses; y, ante su resistencia, objetando que era una desilusión tener que apoyarse en los químicos para solucionar algo mental, Raquel había respondido, apuntando a sanar el orgullo de su paciente.

-Si fueras deportista, te hubieras desgarrado un músculo. Vos te desgarraste el cerebro.

Le había comentado que no era producto únicamente de la crisis que había sufrido, que eso pudo haber sido el último detonante, pero que era resultado de muchas emociones reprimidas con el correr de años; y que dormir mal, por tanto tiempo, no había ayudado. Convencida, Nicole había aceptado tomar lo que le recetara, y visitarla una vez cada quince días. El tratamiento había durado cuatro meses. Tanto notó Nicole su propio cambio, que se convirtió en una fanática de lo que antes había sido una teoría sin fundamento. Ella sostenía que, si alguien se enfermaba, era porque realmente lo deseaba. Insistía que todas las enfermedades eran producto de una predisposición hacia ellas por parte de quien las contraía. Es todo mental, decía. Y lo comprobó con ella misma. Le pidió a Raquel que armara algún tipo de chequeo cerebral, al cual se sometería cada seis meses. De esa manera, se mantendría sana, y nunca jamás dejaría de tener control sobre su capacidad mental.

Varios de sus compañeros de trabajo habían sido testigos de los cambios, y receptores de sus cuestionamientos mientras atravesaba la crisis. Cuando la habían escuchado mencionar lo del chequeo, se interesaron, pidieron mayor detalle, y el teléfono de Raquel. El estudio de mercado no había sido necesario. La agenda de Raquel se había llenado de pedidos similares. Pasó a ser un negocio interesante, con una rentabilidad asombrosa.

Son las ocho y media de la noche, tengo otra vez de compañero a Humberto Canale Cabernet Sauvignon, y la máquina de escribir delante. La historia de varios personajes a la espera. En realidad, no esperan... ya ocurrió. Están aguardando que siga contando sin herir a nadie en el proceso. Vuelvo a las dos morochas, que habían emprendido el regreso al Caribe; cosa que no les fue del todo fácil.

La colombiana bajó a desayunar, luego de bañarse, de hacer el bolso y de pagar la noche de hotel. Por exquisita, le había costado bastante más de lo que su bolsillo quería aceptar. Raquel daba vueltas en la habitación contigua. Su valija era muy grande y dudaba si debía dejarla en el hotel hasta el regreso, o llevarla. El vuelo a San Juan era recién a las dos de la tarde. Podría comprar un bolso chico, y llenarlo con lo indispensable. Estaba a punto de bajar, con muchas ganas de tomar un buen café, pero se acordó de la conversación de la noche anterior. Su mente se trasladó a Buenos Aires. Adriana tenía razón. Tiburcio, su marido, mostraba poco interés en la vida que ella hacía; y no era un comportamiento reciente. Llevaba varios meses así. Había atendido muchos casos en los cuales sus pacientes comentaban algo similar, y ella había sido la responsable de abrirles los ojos. En casa de herrero cuchillo de palo, se dijo; e hizo lo que debería haber evitado... llamarlo.

-Gordito, ¿cómo estás?
-Raquel... ¿no te ibas hoy?
-Sí, más tarde. Te extrañaba y...
-Estoy en la otra línea, ¿necesitás algo?

Sintió que la arrojaban en un balde de hielo. Tal como lo habían descrito sus desoladas pacientes. La voz de Tibur era fría, debería haberlo notado antes de viajar.

Y, casi sin levantar la voz, cometió el segundo error.
-Tibur, ¿me querés?
-Hablamos cuando vuelvas. Avísame con tiempo el vuelo y la hora.

Raquel no respondía, entonces él siguió.
-No son temas para hablar por teléfono. No te preocupes, lo último que quiero es herirte. Besos y divertite.

Eso fue todo. Tiburcio colgó sin esperar la respuesta del otro lado. Ella sintió una piedra en la boca del estómago. Corrió al baño y vomitó, mientras la invadía un llanto ruidoso y desconsolado. Hay alguien, sé que hay alguien, pensó; y no tengo forma de averiguarlo desde acá. Vuelvo, no vuelvo...

Raquel estaba petrificada. Sentada, la puerta del baño entreabierta, sus ojos con la mirada fija en el picaporte. No veía nada, no sentía nada, el mundo acababa de detenerse.

-Oiga, ¿va a bajar, o le traigo el avión?

Preocupada por la tardanza de su compañera, Adriana había llamado reiteradas veces desde el restaurante. Al no recibir respuesta, había subido. Le sorprendió que el cuarto estuviera abierto, y más extraño le pareció encontrar a Raquel en tan calamitoso estado.

-Hediondo el aroma. Avise con tiempo, o cierre la puerta.

Tuvo la decencia de callarse porque, frente a ella, tenía la imagen de un cadáver. Pálida, con los ojos enrojecidos, la psiquiatra apenas mostraba señales de vida. Con la sensibilidad que la caracterizaba, Adriana se acercó aún más, se arrodilló, puso sus manos sobre las rodillas de la otra; y, en una voz muy dulce, le preguntó si quería hablar. De los ojos de Raquel brotaron unas lágrimas enternecedoras, llenas de dolor, silenciosas, pidiendo consuelo a gritos. La guió hasta el dormitorio, la sentó en la cama, y la abrazó. Raquel lloró, sin poder frenarse por un rato largo. No podía hablar, no en ese estado. Sentía dolor en el pecho, en el alma. No hablaba porque tampoco era capaz de pensar. Si lo hacía, la pesadilla volvería a ser realidad; y era demasiado desagradable para asimilarla.

Adriana no podía creer que estaba siendo el apoyo moral de una psiquiatra. Pobre mujer, ¡qué estado más horripilante! Y eso que todavía no tengo idea de qué le pasó. Se había transformado desde la última vez que la había visto. De una persona segura, relajada, contenta... a un trapo de rejilla. El trapo, por fin, pudo decir algunas palabras.

-Disculpame, no te quiero arruinar el resto de las vacaciones.

-No se preocupe por mi tiempo libre. Sólo dígame qué le pasa.

-Tenías razón. Tiburcio anda con otra.

Adriana estuvo a punto de hacer una mueca... A los suegros de Raquel habría que regañarlos, y duro. Con ese nombre...No era raro que el tal Benuncio se hubiera casado con una psiquiatra..., pero la cara de la otra no era para bromas.

-¿Cómo que yo tenía razón? No le dije nada, ¿de qué está hablando?

Los reclamos le resultaban una tortura. Y más cuando no los entendía. Pero Raquel quería seguir hablando, y era cuestión de tiempo hasta que se aclarara el enorme dilema en el cual se encontraba. Raquel le comentó del llamado, del tono del marido, de las sospechas que Adriana había levantado durante la comida... Mientras hablaba, era como si la colombiana no existiese...La psiquiatra parecía hacer su propio análisis. Adriana, incómoda por sentirse casi un pedazo de pared, limitada a escuchar, movía la cabeza y, cada tanto, daba señales de reconocimiento. Así estuvieron hasta que sonó el teléfono.

-Disculpe, quería saber si pensaban quedarse una noche más, o si puedo mandar a limpiar la habitación.

-Oiga, a usted interrumpir no le cuesta nada, ¿no? Pues no mande a nadie. Más tarde le avisamos. Por ahora nos quedamos.

Raquel la miró. No dijo nada. Le daba igual quien tomara qué decisión. Tenía un centenar de preguntas, de dudas; pero la persona que se las podía responder, no era quien tenía a su lado. Adriana, adivinando el desconcierto, le dijo que se recostara.

-Póngase cómoda. Viajamos mañana si es necesario.

-No sé si quiero irme a Buenos Aires, o al velero... ¿qué hago?

-Pues mire. Si me pregunta, le aconsejo tomarse unos días, como pensaba, antes del monólogo que tuvo con el tal Renuncio. No soluciona nada volviendo; y, menos, enfrentando al cretino ése. Va a ver cómo se despeja con nosotras. Esta noche no se va a ningún lado. Mañana la subo al avión conmigo, y no con destino a Ezeiza. Quédese acá, que voy a cambiar la reserva, y a avisarle al gringo de la marina para que no nos espere esta tarde.

Una vez abajo, pudo resolver el tema de los pasajes y del hotel. Lo único que le quedó pendiente fue hablar con Camila. La muy pendeja no contestaba el teléfono. Tomó también la decisión de llamar a Bigo, y de comentarle lo ocurrido; para que supiera que, a lo mejor, Nicole no volvía cuando tenía programado hacerlo; pero que ni ella lo sabía. Bigo sonaba muy bien. Le agradeció el llamado, le mandó saludos a Raquel, y muchos más a su mujer, a quien extrañaba, pero prefería darle el espacio que obviamente necesitaba. Estar casado con Nicole no era fácil, más allá de las apariencias. Parecía una persona tranquila, pero por dentro era una revolución continua. Cambiaba de parecer cada dos por tres; y de personalidad, ni hablar. Cuando pensaba que la conocía, y sabía lo que quería, Nicole mostraba ser alguien distinto, tener otro hobby, querer algo diferente, no material. Los cambios eran casi existenciales.

En el *Navenganz*, Nicole ya no estaba sola. Iannis había conseguido subir, muy a pesar de los ruegos de su capitana.

-Vengo a buscar mis anteojos. Mírame. No seas desconfiada.

No; mirarlo, no. Me sonríe y... ¡chau! ¡Te dije que no, debilucha!

-Subí... dejá, yo ato el bote. Los anteojos están en el consultorio del oftalmólogo, abajo a la derecha, segunda puerta.

Simularon buscar en los rincones más insólitos, chocándose en la cabina y cruzándose miradas, sonrisas, hasta que sonó el celular del piloto. Iannis se sentó frente a la mesa, y tomó el llamado. Sin mirar a Nicole, fijó sus ojos negros y profundos en la banda de babor, y habló con tranquilidad. Dio recomendaciones acerca del avión del cual le preguntaban, escuchó atentamente el problema que le presentara la persona del otro lado de la línea. Parecía analizar cada palabra. Tenerlo ahí delante, sin tocarlo, sintiendo las cosquillas que habían nacido cuando lo había visto por primera vez, era una tentación difícil de frenar. La charla que mantenía no era nada especial, de no ser por su pose, su movimiento de manos, la sonrisa que le dirigía a la uruguaya cada dos o tres palabras; y la fascinación que crecía en ambos. Iba a ser complicado mantener distancia; pero, de no hacerlo, era consciente de que convertiría este encuentro en el tipo de infidelidad que siempre había detestado. ¡Qué ridiculez! Infidelidad hay una sola. Si me abro a una relación mientras estoy comprometida con otra, ya estoy siendo infiel. Que lo lleve al plano físico o no, es lo mismo. Voy a afectar lo mío con Bigo.

-Decíme, ya, qué pasa por esa cabeza.

Iannis había colgado el teléfono, y la había sorprendido en medio de su reflexión. Además, se había corrido, y lo tenía demasiado cerca.

-Me preguntaba hasta qué punto puedo llevar una historia con vos, sin que se pueda catalogar como un engaño. Tengo una idea..., no es lo que más me divierte en este momento, pero..., ¿vos qué pensás?

Iannis no quería ponerse a estudiar el tema, quería besarla. Nicole lo detuvo, más por miedo que por falta de deseo.

-Usemos la teoría, no la práctica, dale..., por favor.

-¿No confiás en mí?

-No confío en mí misma. Si nos tocamos, se me confunde todo.

El otro iba a reventar. ¿Qué importaba si hacían el amor en ese momento, lo disfrutaban, y listo? Sabía la respuesta. Sería ir hacia un lugar en el cual todos perderían.

-Sugerí una alternativa. Estoy abierto a lo que quieras.

-Somos dos. Debe de ser uno de los momentos más vulnerables de cualquier humano... El momento de "hagamos lo que sea, estamos re-calientes." Somos el tema más visto en la pantalla de cine. Odio convertirme en un cliché. ¡Ahí está! Por eso no vamos a hacer nada. Porque me encanta ser distinta, porque lo adoro a mi marido, y porque no podríamos venderle una historia tan poco original a Hollywood.

El tono de Nicole consiguió que pudieran distenderse. Si hablaban y nada más, se estarían portando bien.

Mientras que en el *Navenganz* se analizaban las posibilidades de engañar o no, en Miami había alguien con material de sobra para aportar. Era Raquel, y estaba deshecha. No podía dormirse, y su mente estaba colmada con el señor que, de un momento a otro, se había convertido en Sean Connery. ¿Con quién estará?, ¿quién será la persona que lo sedujo? Adriana entró en la habitación, y sin decir palabra, se acercó a la psiquiatra.

-Está un poco más tranquila... ¿o es mi percepción?

Siguió avanzando, se puso al lado de ella, la rodeó con el brazo, y Raquel apoyó la cabeza en el hombro de la colombiana. Permitió que la abrazara; y, una vez más, lloró. Adriana miró al techo, y con poco remordimiento, pensó, "Camila, perdone; pero esto es más fuerte que yo."

Las manos de la colombiana se deslizaron del cuello hacia abajo. Raquel cerró los ojos. Se dejó llevar por el cariño que recibía; permitió que su piel y sus órganos sintieran lo que sus neuronas no podían procesar. El mundo había cambiado, o estaba pasando por otro lado; y ella dejaría que el instinto la guiara. Sentía dulzura, estremecimiento, temor, terror, y nuevamente se estremecía. Su cuerpo estaba totalmente expuesto a la vista, y a las órdenes de Adriana. No importaba, el deseo crecía. Ella no era quien estaba ahí. Era simplemente su cuerpo, y él era transportado a dimensiones que, hasta ese momento, desconocía. Disfrutó de la delicadeza, la suavidad de la piel de otros pechos rozando los suyos, y se deleitó con los besos que recibieron sus muslos. Pudo desinhibirse, quiso retribuir..., y lo logró. Lo hizo con naturalidad, con fuerza, sin reprimirse, sin sentirse sometida. Y consiguió que el alma acompañara al cuerpo.

En el *Navenganz*, Nicole seguía pensando que podía controlar la situación. Le enseñaría a Iannis cómo mantenerse casado y estar bien con su propia mujer; le enseñaría a..., ¿a qué? ¿Quién soy, la *gurú* de los matrimonios? Su propio estómago no dejaba de dar saltos. Era ella misma a quien tenía que controlar de una vez por todas. Tenía en su casa al hombre que la había sabido manejar de una manera inteligente y con la intriga que tanto le agradaba. Desde que había conocido a Bigo, nunca había dejado de sentir una fuerte atracción física por él; y, lo que era más importante, por ella misma. Con Bigo tenía la libertad de conocerse hasta donde ella quisiera, y también a él. Se exploraban en forma mutua, y aprendían el uno del otro en todo tipo de situaciones. Con respecto a la intimidad, también exploraban; sin conflicto, sin competencia. En ese aspecto, ambos disfrutaban. Estas cosas, concluía en forma errada, le sucedían cuando la atracción era simplemente a nivel físico; y débil por el lado intelectual.

-Iannis...

No terminó la frase. Percibió sobre su boca el calor de aquellos labios que había anhelado minutos antes. El abrazo que siguió al beso fue aún más difícil de resistir. "Idiota" se dijo, "¡Enfriate, que venías bien!" Pero no lo hizo, y permitió que la piel se le erizara, que su cara tomara aún más color. Él se apartó para mirarla, y ella aprovechó para levantarse. Logró sacar una pierna del asiento. La otra quedó trabada con la pata de la mesa. Se dio de boca con el filo de la mesada. Los irreverentes, irresponsables, e increíblemente imbéciles labios, habían recibido su merecido. El corte debía de ser profundo, por el dolor que sentía; y por la sangre que, en segundos, inundó parte del mueble y del tapizado.

-Yo te dije que no había que hacerlo... – con los labios hinchados, dolida, y con la sensación de que la piel debajo de la nariz reventaba, siguió: -Era obvio que alguien iba a salir herido.

Iannis sonrió, humedeció un trapo, y se acercó. Nicole se lo sacó de las manos y fue al baño para evaluar el tamaño de la herida, limpiarse bien, y golpearse los sesos contra el inodoro si fuera necesario. Desde su guarida, simuló calma; y le dijo a Iannis, a través de la puerta,

-Me voy a auto-flagelar un rato..., ¿por qué no volvés al catamarán?

-No me muevo de acá. ¿Cómo se te ocurre que te voy a dejar sola? Sos un pato. Además, quiero ver si necesitás puntos.

-Piloto, seductor y médico..., ¿qué más sabés hacer? Tenés que irte. O, si querés, quedáte ahí..., pero apenas me veas, vomitás. Me voy a deformar el resto de la cabeza, voy a ser un monstruo, y vas a salir despavorido. Por lo menos, a vos, se te van a ir las ganas de tener algo conmigo.

Se miró en el espejo otra vez, esperando ver a una mujer distinta; pero no lo consiguió. Tomó conciencia de que era ella quien, hacía un instante, había besado algo prohibido; de premio tenía lo que odiaba: el "*look* colágeno" que criticaba, en voz alta, cuando veía a alguna mujer en la calle con los labios retocados. Se sentó y hundió la cabeza en sus manos. No lloró; normalmente no lo hacía. Respiró hondo, y evaluó la imprudencia que la había llevado a encerrarse.

-¡Otra vez estoy en el baño! Iannis, por favor, andate. Desde que empecé estas vacaciones, me la paso arriba de un inodoro.

-Salí. Si veo que estás bien, te prometo que me voy. Aunque estés deformada, abrí la puerta; te miro, y nada más.

-Pará, ahora me dieron ganas de ir al baño- y, para sus adentros, pensó -Ahora largo un pedo y consigo que desaparezca. Debe de ser como todos los hombres; no aceptan que nosotras, cada tanto, también evacuamos. Dale, Nicole, tirate uno y lo espantás.

No pudo, tampoco trató. Las mujeres nos censuramos hasta en esa ridiculez. ¿Por qué ellos pueden hacer lo que quieren cuando se les ocurre? ¿Por qué no dejás de pensar idioteces? Arrancó unos pedazos de papel higiénico (tenían de sobra, gracias a la lista de Adriana), los mojó, y se los pegó en la frente, la pera y los cachetes.

-Me vas a decir que, con ese mamarracho, se supone que estás tapando algún que otro chichón. Si no te diste en todos esos lados. Vení, déjame que te saque esos parches absurdos.

-No. Me duele mucho. Y estás equivocado: tengo heridas... Me clavé el cepillo de dientes por todos lados. Mirame bien y te vas a dar cuenta; soy un collage de papel maché y siliconas..., o colágeno, lo que más se parezca.

-No me quiero llevar esa imagen tuya.

Al ver la cara de ruego, Iannis optó por complacerla. Se fue; y se llevó, sin saberlo, parte del corazón de la uruguaya.

Capítulo XIII

Nicole volvió a la marina. Por un lado, tenía el pedido de Ron por el desperfecto del estay de popa; y, por otro, aprovechó para que le revisaran la boca. La herida resultó ser bastante más profunda de lo que se imaginaba. Tuvieron que coserle la parte interna del labio superior, y darle dos puntos más hacia la superficie. Aunque no se veían, la zona estaba cada vez más hinchada. Lo mismo que su paciencia. No la dejaban abordar el *Navenganz* ni volver al agua. Tenían que revisar el motor. Había un ruido extraño, le dijeron.
-Denme otro barco.
-Señora, si quiere puede dormir en el barco esta noche. Lamentablemente, el resto de la flota está reservada.
Resignada, aceptó. Cuando, a la mañana siguiente, trató de salir, el motor no encendía. Buscó ayuda. Recién después del mediodía le enviarían a alguien. Estaba sentada en la proa del barco, leyendo, cuando aparecieron Ron, Adriana y Raquel.
-¿Oiga, qué se hizo? ¿Acaso Ron es cirujano plástico?
Nicole no salía de su asombro. Lo que más la sorprendía era ver a Raquel. ¿Por qué se había colado en el programa? Además, tenía un aspecto raro. Estaba callada, con su carita melancólica..., ¿o triste?..., ¿o estaba cansada? Qué agradable era que estuvieran allí. Tenían que aclarar, con Adriana, lo que había pasado, aunque la ofensa parecía estar terminada. Y la presencia de Raquel le brindaría a Nicole lo que necesitaba. Un par de cachetazos al cerebro.

En la foto de ese día, sonrientes, Nicole levanta una copa vacía hacia la cámara; y Raquel, una botella de champagne cerrada. Adriana está en medio, abrazándolas; su boca fruncida, imitando una trompa, mirando de reojo a Nicole. ¿Por qué será tan difícil seguir este relato, si tengo clarísimo adónde quiero ir? Porque se me atrofiaron las neuronas. Dejo un rato.

Salí a caminar, se disipó la nebulosa a los diez minutos, y tuve que volver corriendo. La próxima vez, salgo con la mochila. Continúo.

-Déle pues. Salga de una vez, que vinimos a navegar. Ron, mi vida, ¿le pone la pieza al motor?

Ron había cambiado su parecer con respecto a la tripulación del *Navenganz*. Hasta llegó a ofrecerse como capitán, si lo necesitaban. Raquel le había parecido una delicia; y su propina, aun más. Su viaje, junto con las dos mujeres, desde el aeropuerto a la marina, había sido un momento inolvidable. Por el espejo había podido ver cómo se miraban, y se acariciaban. Cuando se dio vuelta para preguntarles algo, la imagen lo había enloquecido. Las piernas de Raquel, apenas abiertas; y la mano de Adriana muy entrada en sus muslos. Pero sus ganas de acompañarlas se esfumaron. Ninguna de las tres le ofreció más que una sonrisa, y un beso de despedida. Su imaginación volaba poco; pero ese día había podido alimentarla sin mucho esfuerzo. Tenía para rato.

Soltaron amarras, y salieron rumbo a la misma marina en la cual Adriana y Nicole habían interrumpido su viaje. Casi sin cruzar palabra, Adriana izó las velas, siguiendo las miradas de la uruguaya; y, una vez que había terminado su tarea, pasó por al lado de Raquel, y bajó a la cabina. Ella la siguió con la excusa de preguntarle en dónde podía guardar su ropa. El viento y el golpeteo del agua contra el casco no permitían que Nicole escuchara el diálogo de sus amigas, pero sus ojos pudieron leer los movimientos. ¿Veía bien, o deliraba? ¿Era por la alegría de tenerlas a bordo? Adriana limpiaba la mejilla de la psiquiatra con la lengua. Si no hubiera sido por la sorpresa, que en un principio la dejó sin habla, Nicole hubiera interrumpido con alguna idiotez…, más rápido de lo que lo hizo. Interrumpo y listo, esto no me lo pierdo.

-Oigan, tengo pañuelitos si también necesitan limpiarse los mocos... ¿qué hacen lamiéndose las caras?

Raquel se dio vuelta hacia su ex paciente, y el color de las mejillas lo dijo todo. El llanto y los nervios hicieron que se riera, para luego seguir llorando. Adriana miró a Nicole y le pidió que callara, que tuviera un poco de respeto. Fue un pedido inútil.

-¿Por cuánto tiempo?, ¿me estás cargando?, ¿creés que puedo aguantarme? ¿Qué diablos hacen toqueteándose sin mi permiso?

La mirada de Adriana se agudizó; y Nicole, en un gesto de protesta, se sentó a escribir.

Bue, divago un rato para distraerme. Si a lo de Iannis le doy seguimiento... ¿a qué puede llegar? Dale Nicole; solo tenés que analizarlo un par de segundos, y te vas a dar cuenta de que no tiene sentido. Bigo es un espectáculo; ha mantenido tu interés por años, y no hay indicio alguno de que vaya a cambiar. ¿Qué te hace pensar, o necesitar cualquier otra diversión? Además, seguro que, por lo menos, una persona saldría herida...; si tenés suerte, es sólo una; si las cosas se dan como en todas las películas, el universo de damnificados es mucho mayor. Mejor mantené encendido lo que tenés, y ayudá a tus amigas... o divertíte con lo que tenés enfrente...

Adriana le arrancó el papel de las manos.

-Todo el tiempo hiciste lo mismo. Si no es un examen, es un informe.

-¿De qué informe me habla? O me dice ya qué estaba escribiendo tan concentrada, o lo leo en voz alta, y hacemos el análisis del informe entre las tres.

-Dale, me vendría bien.

Adriana lo leyó y se quedó callada por un rato, mirando a su amiga. ¿En qué líos estaba por meterse? Conocía poco a Bigo, pero lo suficiente como para saber que no toleraría jueguitos de ninguna índole. Y Nicole estaría perdiendo mucho por algo totalmente incierto, e infinitamente más complicado.

-¿Tanto le gusta solucionar problemas que hasta los fabrica de la nada? Raquel, venga, que apelamos al sentido común de la capitana.

Y, sin sacarle los ojos de encima a Nicole, le habló casi a modo de reto:

-Mire a su amiga, mírela bien, y haga de cuenta que Tiburcio es Iannis. Hay otra Raquel en su jueguito, ¿no se da cuenta? Haga el ejercicio, carajo, no es tan difícil.

La mirada de la colombiana la ponía incómoda, pero tenía razón. ¿Cómo podía mostrar un egoísmo tan desmedido? ¿Quién era ella para pensar que iba a ser capaz de controlar el desenlace de cualquier situación?

-No sigas. Diste en el clavo. Hablemos de lo que quieran o no hablemos, es lo mismo. Lo mío es cuestión de segundos..., ya está. Evoco la imagen de mister Bigots, y me sigue generando un escalofrío. Ta, listo; esto es matemática de primer grado: solucionado.

-Adriana, yo le creo. ¿Te das cuenta lo fría que puede ser? ¿Qué les parece si navegamos un poco más? ¡Qué lindo que es! Estoy descubriendo varias sensaciones nuevas... Además, no quiero detenerme en conversaciones triviales.

Adriana no pudo dejar de acercarse a ella, ni de besarla, con una ternura aún mayor a la que había desplegado en el hotel de Miami. Para Nicole el hecho de ver así a dos mujeres, además a dos mujeres a quienes quería, era extraño. No le generaba rechazo, no le daba pudor; al contrario, la ponía de muy buen humor. Era libre para disfrutar de la navegación; y, con esta novedad, el trabajo de anfitriona, que nunca le había gustado, se vería muy aliviado.

Navegaron hasta que oscureció, y Nicole le pidió a Adriana que la ayudara a amarrar y a ordenar un poco la cubierta.

-¿Saben que cuando bajo las velas es como si pusiera a dormir mis propios divagues?

Raquel tomó el brazo de la colombiana, y la empujó para que se sentara. Le pidió a Nicole que se concentrara en lo que le iba a contar. Necesitaba hablar; y, si la charrúa no dejaba de decir ridiculeces, le iba a ser imposible. Le dio más detalles acerca de su conversación con Tiburcio, de su sensación inicial, de cómo se había quedado mirando una puerta... Adriana escuchaba; Nicole interrumpía.

-Igual que le pasó a Vicky, una que trabaja conmigo. De repente, su marido, se había aprendido los nombres de cada uno de los músculos; le decía "toca acá, no acá, en los isquiotibiales; ésos son los cuadripedales... ¿viste que duro que está?"

-No friegue, los cuadripedales no existen, ridícula. Y eso, ¿que tenía de raro? ¿Qué problema tenía Vicky con que su maridito se pusiera en forma?

-Para empezar, que ella no conocía los nombres de ninguno de los músculos que el otro mencionaba. Y, aunque los hubiera sabido, no tenía idea adónde quedaban. Aparte, no era en lo único en que se distanciaban.

-Era un distanciamiento emocional...

-Y físico también. Él estaba cada vez mas planchado de piel, y de ropa. Ella, al contrario, era una arruga tras otra. De cara y de atuendo. Él avanzaba en sus *looks*. Ya ni usaba cinturón de seguridad para que se mantuviera planchada su camisa; de lunes a viernes era lo del cinturón, no todos los días. Para Vicky, se vestía de bermudas horribles y remeras todas desteñidas, arrugadas. Le daba igual.

Raquel se había quedado callada. Escuchaba, tratando de abstraerse, y de darle humor a su propia situación. Nicole tenía la habilidad de hablar de estas cosas como algo natural, podía analizarlas desde un punto de vista que lo hacía parecer simple... ¿Por qué no hacía ella lo mismo?

-Binoche, hacé de cuenta que estás viendo una película. Si la protagonista pasara por un momento así, ¿qué le dirías? Que no fuera tan llorona, que le diera tiempo y espacio al otro. Ta, no me lo digas... es mucho más fácil mirarlo desde afuera.

Le gustó el consejo de su ex paciente. De hecho, era lo que estaba haciendo. Aunque llorara, Tiburcio no la estaba viendo. Al galán de Buenos Aires, le estaba dando todo el tiempo y espacio que necesitara. Cada vez estaba más contenta por haberse dejado llevar por la inercia; por estar allí, en el agua, y con estos dos personajes. Bajó a apagar su celular. Dejaría de esperar un llamado que no iba a aparecer.

Nicole recapacitó acerca de su conclusión con respecto al dilema propio. Listo, les había dicho a sus amigas, no pensaría más en Iannis; con eso, se iba a arreglar todo. Pero estaba tan lejos de conseguirlo... Difícilmente lograra sacarse de la mente la mirada del griego. La mirada entre ambos. En ella se cruzaban un sinfín de emociones. Era tierna, protectora. Se desarmaban, y a la vez se daban fuerzas. Era adictiva. No se trataba de un flirteo común... Entre frase y frase se habían dado minutos de un silencio que había comunicado más que las palabras.

-Usted tampoco está bien. No se haga la macha. Llore, diga algo, aprenda el valor de la amistad.

De los ojos de Nicole, asomaron tímidamente unas lágrimas. Quiso contarles la sensación que la abarcaba, pero no pudo. Retuvo el nudo en la garganta. Tenía que hacerlo. No podía dar paso a la idea de otro hombre. Estas cosas son pasajeras, se dijo, no te tortures. Adriana notó la melancolía de su amiga, y bajó a preparar algo. No sabía qué, pero ella también tenía que tomarse un minuto para pensar en Camila y Raquel. Arriba quedaron las otras dos, en silencio. Ambas fijaban la atención en el horizonte. Querían ayudarse pero, al mismo tiempo, necesitaban apoyo. Nicole prendió un cigarrillo y optó por abandonar el rol de victima. Su caso era una tontería.

-Estoy siendo egoísta. Contame cómo estas, Binoche. Me duele verte así.

-Es raro lo que tengo adentro. Paso de una tristeza enorme, a una calma que nunca tuve. Y que le debo a Adriana.

-¿Me querés contar algo de eso?

-Prefiero sentir.

Qué acertada la respuesta. Se puso en el lugar de Raquel. Entendía lo que era sufrir con un engaño, y captó lo que pudo haberla llevado a abrirse a las caricias de una mujer. Qué emociones llevaba el *Navenganz* arriba de su casco. Si alguien hubiera entrado al barco en ese instante, habría quedado empalagado por la dulzura, predominante en la mente y en el corazón de las tres. Ya fuera por lo que veía en sus dos amigas, o por lo que le había dejado Iannis, Nicole estaba en paz. Adriana, enternecida y feliz de haber conocido a Raquel. Llevada por el momento, sin recapacitar.

Si en el *Navenganz* había dulzura o ternura, para Iannis era indistinto. Ignorando el público que lo escucharía y el estado de ánimo del mismo, irrumpió a través de la radio.

-Llamando al *Navenvganz*. ¿Nicole, estás bien? ¿Cómo seguís?

En el apuro por tomar el llamado y evitar que el otro siguiera hablando, Nicole se olvidó de los escalones. Su cuerpo voló cabina adentro. Algo horizontal, algo curvo deslizándose por la mesa; cabeza primero, delantera después. La frenaron sus rodillas contra el borde de la mesa. Adriana la agarró a tiempo como para que no siguiera de viaje, y terminara rompiendo una puerta.

-Oiga, marica, tranquila, que el Ron ése nos va a cobrar los daños. Vaya, conteste; y después la regañamos.

Nicole, adolorida y avergonzada, tomó el llamado. Le contó a Iannis acerca de los puntos, del aspecto espantoso que tenía con la cara hinchada, y los agujeros que habían dejado las puñaladas del cepillo de dientes.

-Además, agrégale un chichón en la frente, también por culpa tuya... mi cara quedó como si hubieran cruzado a Homero Simpson con un unicornio.

-Sos una exagerada. ¿Preparás un sándwich, mañana, para almorzar? ¿Jamón, queso, tomate y manteca? Si tenés pan francés, mejor. Y algo dulce. Yo llevo el vino.

-Esperá un minuto, Iannis.

Adriana le estaba tocando el hombro, haciéndole señales. Le alcanzó una notita que decía:

Antes de colgar, pregúntele a Don Juan si, cuando habla con usted, tiene el miembro erecto.

Por la nota de Adrina y por la respuesta de Nicole, escrita en la misma hoja, queda claro que ninguna de las dos hubiera sido buena como embajadora.

Anormal... Andate o te reviento una teta.

Volvió a la radio.
-Disculpá, Iannis, ¿Alguna otra orden?
-Era una invitación.

Imposible decirle que no a esa voz. Nicole evitó la mirada de sus amigas. Aceptó, y se encerró en el baño. Salió rápido, porque el espejo le daba aún la misma imagen. Ninguna de las otras dos quiso recordarle la determinación de unos minutos antes. Y ninguna le nombró a Bigo.

-¿El miembro erecto? Sos una ordinaria.
-Bien que se lo imagina. Y mire quién habla, revienta-tetas.

El sol había terminado de desaparecer, y el barco se mecía impaciente. Necesitaba que sus tripulantes terminaran de prepararlo para dormir, y él pudiera dejar de sostener tanto dilema. Como si lo hubieran escuchado, las tres se dedicaron a fijar mejor el ancla. Finalizada la puesta en orden, Adriana subió con una botella de aguardiente.

-¡Ahora si que vamos a llorar todas! Con esto nos convertimos en mariachis. Se bajan la botella. Eso es una orden, no una invitación.

-¿Cómo no me avisaron que trajera un hígado de repuesto?

-Señoras, les explico que esto sirve para neutralizar todo lo que tomen a continuación.

Raquel se apuró a abrirla. Se sirvió, tomó el vasito entero. Las otras dos la imitaron.

-Es igual que el anís.

Los ojos de Nicole lloraron por el incendio que se había originado en su boca. -¡Qué idiota! ¿Cómo me olvidé de la herida?- exclamó. La colombiana notó la mirada de desesperación de la capitana.

-Eso le pasa por hacerse la berraca. Nunca supimos qué fue lo que le pasó.

-Me di contra la mesada; la que está al lado de la cocina. ¡Dios, como duele esto! El alcohol está recorriendo punto por punto.

Raquel le preparó una pajita con el armazón de su lapicera, y la uruguaya estuvo a punto de besarle los pies. No era cuestión de abstenerse de tantos placeres. Solucionado el tema de la boca, pensó más tranquila. Al igual que Raquel, voy a sentir; no pensar.

Sin embargo Raquel no podía seguir su propio consejo. Su cerebro era un torbellino. ¿Qué había pasado en Miami? Llevaba más de veinte años de casada, tenía tres hijos a quienes quería más que a ella misma; y, hasta ese momento, no se había cuestionado su amor por Tiburcio. ¿Podía atribuirlo todo al engaño? Sin embargo, dudaba de que esta fuera la razón. Había sido muy natural el acercamiento a la colombiana. Y lo seguía siendo. Estaba cómoda en su presencia, sin prejuicio alguno, demostrando su afecto; incluso frente a Nicole. Raro, se sentía contenta; aunque también confundida. Alguna decisión tendría que tomar. No en ese momento, no apresurada; pero veía claro que su vida estaba por cambiar de rumbo. Cierto que, en reiteradas ocasiones, había tenido un sentimiento fuerte hacia algunas amigas. Siempre lo había asumido como lo normal en cualquier amistad. Ahora lo veía de otra manera. Por Nicole, por ejemplo, nunca había sentido ninguna otra cosa más que ganas de ayudarla, de escucharla, y de divertirse. Con ella aprendía cualquier cantidad de verdades. En el último chequeo, hecho por un colega suyo, había saltado la duda de ella con respecto a la homosexualidad. La uruguaya había comentado que estaba tratando de entender porqué, a veces, sentía ganas de experimentar con el físico femenino. Pero no dudaba de que eran los hombres a quienes podía amar como pareja. Ella, Raquel, ni siquiera había llegado a cuestionarse ese aspecto. Le había comentado a Nicole que no necesariamente había que llevar un deseo físico al plano espiritual; que el objeto de amor de una persona, en su opinión, estaba marcado desde el nacimiento. Si tuviera tendencias a la homosexualidad, se hubieran manifestado más temprano. Entonces, ¿cómo se explicaba lo suyo? ¿Había estado siempre latente y ella no lo había reconocido? Tan estructurada estaba por su formación personal que se había conducido hacia una vida convencional, sin replanteárselo. Si bien conocía a Adriana desde hacía muy poco, su vulnerabilidad frente a ella era totalmente distinta a la que se había permitido en su matrimonio. En este caso se había entregado, no sometido. Y la entrega había sido completa, de manera voluntaria. Una caricia de la colombiana la hizo volver a la realidad (una realidad cada vez más agradable). Y la insistencia de Nicole: ella quería detalles.

-Debería sentirme incómoda con esta situación, pero estoy fascinada. ¿Qué sienten? ¿En qué momento pasaron de hablar, a tocarse? No, esperen; ¿empezaron por la mano, o se mandaron con lengua y todo de un saque?

Adriana estuvo a punto de pedirle que fuera más discreta, pero Raquel la frenó.

-Dejala, está bueno lo que preguntó. Un poco desordenada, pero es así. Nicole, preguntá por partes; yo te contesto. ¿Qué es lo que más te interesa saber?

-¿Mientras hablamos, van a estar las dos ahí todas abrazaditas, y yo acá sin contención alguna? No es justo.

La flamante pareja fue a abrazarla. Le proporcionaron cosquillas, besos en la oreja, en la mano, en el hombro. La uruguaya trataba, en vano, de escapar. Esto no le divertía: la ahogaba. De chica, uno de sus hermanos usaba las cosquillas como tortura, y Nicole debía recurrir a una fuerza sobrenatural para desligarse.

-¡Nooo! Las mato. Me tiro al agua, y vean como hacen para volver. ¡Basta!

-¿No era que le faltaba cariño?

-Chistosa. Tóquense ustedes lo que sea, yo quiero hablar.

Le gustaría tocar algo a ella también, pero no de sus amigas. No. Quería hacerlo mirando esos ojos negros, y siendo observada por los mismos. Salió del trance en segundos:

-A ver, cuéntenme desde que se vieron en el aeropuerto. Vos la viste salir del avión, ¿cómo te acercaste?, ¿qué le dijiste?

A Raquel le había sido muy fácil hablar con Adriana. La había reconocido por la descripción de su amiga. Sin que ninguna de las dos supiera quién era la otra, la mirada entre ambas se había mantenido por varios instantes. Casi se diría que había sido Adriana quien se acercó primero. Raquel la miró con picardía.

-Ahora que pienso, vos me trataste de levantar desde el primer momento.

-En eso se equivoca. No la iba a levantar. Le iba a proponer vivir juntas, por el resto de nuestras vidas.

-¿Sigue en pie la propuesta?

Nicole, de la ansiedad, se mordió el labio, y vio nuevamente las estrellas.

-¡Ah!, las odio. Esperen un minuto. No se salten partes. Después háganse las románticas si quieren, pero no me dejen así.

-Cómo arruina el momento. De castigo, no le contamos más.

Nicole insistió con Raquel, pero había perdido a las dos. Se fueron a preparar algo de comer y, por supuesto, seguir con la magia que ella había tratado de interrumpir. Y bueno, pensó, por lo menos hoy no voy a tener que ayudar con los quehaceres domésticos.

-Pasen los cigarrillos, un poco más de aguardiente..., y no molesto más.

No pensaba cumplir, pero les daría un respiro. ¿En serio estarían considerando algo tan serio? ¡Qué flechazo! ¡Tremendo! Rápido, mi birome, esto no puede quedar en mi cabeza.

Con esta historia me hago una novela. Si puedo descifrar como empezó esto, después hablo con Tiburcio para escuchar la otra campana... (Eso va a ser divertidísimo... A ver, Tibur, vos paveando con tu secretaria, y tu mujer te deja por otra... ¿cómo te sentís? Y bueno, te lo merecés, por idiota). Puedo contar un poco acerca de la niñez de Adriana, la de Raquel, qué siente cada una ahora... cómo ve diferente Raquel el trato de una mujer... buenísimo, ¿cómo no lo pensé antes?

A la mañana siguiente, Iannis llegó al barco, y fue recibido por dos mujeres, ninguna de las cuales era la que iba a ver. Raquel no había tenido tiempo de bajar y esconderse. Adriana la tomó de la mano y se lo presentó.

-Excelente comité de recepción. ¿Podría hablar con la capitana, por favor?

-Nicole, llegó Romeo.

El piloto ni se inmutó. Esperó dentro del bote a que bajara su amiga. Fueron hacia la playa más cercana, adonde la uruguaya supuso que bajarían; pero él dejó el semirrígido a unos metros de la costa, y tiró el fondeo. Sin decir nada, abrió el vino; y le ofreció una copa.

-Otra vez, ¡soy una idiota!

-Lo tuyo debe de ser crónico. Te la pasás sufriendo.

-No tenés idea el desastre que tengo adentro de la boca. Me olvidé.

-Vamos a dejar un concepto claro. Voy a ayudarte; pero la próxima vez preguntá antes de actuar. Porque te explico…, todo lo que vos hagas, yo lo puedo hacer mejor.

Sacó una cuchara de una clase de navaja, y le sirvió otro trago. Pero, esta vez, se lo dio como a un chico.

-¿Mejor?

Este tipo no me mira, me toma una radiografía, pensó Nicole. Jamás había tenido la sensación de conocer y ser conocida por una persona, tan a fondo. Iannis la sorprendió una vez más, al leerle la expresión.

-Es casi metafísico.

-Sí…, va más allá de las ganas de tocarte. Es como si siempre hubieras sido alguien en mi vida. Y, de ahora en más, nunca vas a dejar de serlo.

-Bueno, yo, tocarte, sí; pero no como trampa. Creo que vos tampoco. Sabiendo que existe esto, hasta puedo pensar en seguir con mi mujer.

Podría ser una forma de mentirse ambos; una manera de elevar aquello a un punto que justificara el affaire, que parecía inevitable. Iannis continuó:

-Quizás esto es simplemente la etapa inicial. La etapa mágica, como dicen algunos; y el que está confundido soy yo. No quiero ponerle nombre, tampoco quiero que hagamos nada que lo ensucie... Simplemente quiero que me sientas.

El silencio fue total. El abrazo, fulminante. Y la paz que sintieron ambos lo justificó. No necesitaban más, no debían hacer nada más. Se habían encontrado, y nunca más dejarían de ser. Si el ser humano nunca deja de ser, simplemente cambia de un estado a otro, ellos habían sabido reconocer una unión que iba más allá de sus personas. Siempre había sido; y siempre sería, de ahora en más. ¿Tarde para compartir esta vida? Quizás. Preferían pensar que era temprano para la próxima.

Ya sé, pueden pensar que me fumé algo. Es menos complicado: es un tema conocido... Están calientes y, hasta que no se manden, van a pasar de un enamoramiento común a un amor platónico, y lo justifican hablando de un amor espiritual. Puede ser... yo apuesto por más. Quisiera describir mejor lo que están sintiendo Iannis y Nicole, y convencerlos (y convencerme) de que es distinto. Pero tengo un par de problemas. Para empezar, mi cabeza está partida en dos, tengo treinta y ocho de fiebre, y no paro de toser. Cuando toso, mis dedos pierden su lugar en el teclado..., escribo para atrás más que para adelante. Y la fiebre podría estar afectando mis neuronas. Tienen motivo para pensar que estoy del tomate cuando insisto en convertir esta unión en un concepto metafísico. Pero es exactamente ese enfoque el que le puede brindar continuidad a algo que, de lo contrario, estos dos van a tener que dejar.

Nicole tomó distancia.
-Si esto fuera una novela y Nicole tuviera que despedirse de Iannis, ¿cómo lo haría?
-No me asustes, ¿por qué se van a despedir?
-Dale, ayúdame, hacé de cuenta que soy escritora y me falta resolver esto.
-No nací ayer.
-Decíme...
-Me.

-Chau, ahora está claro. A Iannis se lo come un tiburón. Y Nicole queda feliz con la noción de que, antes de morir, se habían conocido...

-No, no terminó así. Nicole lo salva a Iannis; y lo cura, tan, pero tan bien, que se la lleva al catre. Lo que hicieron después, preguntale a Nicole.

-¿Al catre?

-Sí, estaba cansado.

-Volvés a decir "me", y a Iannis se lo lleva un tsunami.

La metafísica al diablo. Iannis le partió la boca de otro beso. Nicole disfrutó del dolor; y él no la soltó. Que venga un tiburón, pensó ella, que nos devore a los dos... de éste no me separo más.

-¿Volvemos?, ¿o pasamos la noche en la playa?

-Volvemos. El *Navenganz* está buenísimo. Adentro hay una historia mejor que esta, y en el gomón ya no podemos seguir. Tengo que ir al baño.

-Sos un desastre. La próxima traigo un balde.

Volvieron, contentos de haber reprimido el deseo. Era natural que lo hicieran. Ninguno de los dos se lo hubiera perdonado.

Adriana y Raquel la esperaban con una comida de lo más elaborada. Habían pasado una tarde de... ¿cómo describirlo? Un entendimiento mutuo. Las lágrimas de la psiquiatra habían cedido, dando lugar a una sonrisa que no recordaba haber tenido desde chica. Se había dado en momentos con su madre, pero pocos. Con ella había compartido lecturas, juegos, caricias; pero era más lo que había sufrido, también, por ella. Era una mujer débil, abusada constantemente de manera verbal por su marido. Él era un hombre muy estricto, poco cariñoso; exigía de todos una perfección que, difícilmente, pudieran satisfacer. Raquel trataba, constantemente, de recordar los momentos más dulces; pero su mente retenía los retos, las humillaciones, y las penitencias a las que fuera sometida aquella mujer que le había dado la vida. Con él se había identificado desde muy temprano. Había pasado de temerle, a admirarlo.

En resumen, estas dos habían pasado un día tranquilas, charlando, conociendo sus historias, evitando temas de la vida actual de cada una. No habían mencionado a Camila para nada; y, menos, a Tiburcio. Raquel le había comentado a Adriana acerca de sus hijos. Eran su principal punto de conflicto. Los quería, como toda madre, más que a ella misma; y no iba a ser fácil enfrentarlos con la nueva faceta. Era temprano para empezar a evaluar las consecuencias, pero era consciente de que su descubrimiento era permanente. El estado era muy natural. Mayor al que nunca había sentido con Tiburcio, ni con ningún otro novio anterior a su casamiento. Con Adriana se despojaba de todo prejuicio; se permitía una vulnerabilidad, hasta el momento, inexistente en ella.

-Cuenten, por favor; cuenten cómo viene lo de ustedes.

Nicole estaba cada vez más curiosa. Le preguntaba qué recuerdos tenían de chicas, qué pensaban de sus familias, de sus amigos y amigas.

-Adriana, ese libro que te llevaste del barco..., ¿lo tenés?

El libro que había originado la pelea, que había causado indirectamente el romance de Miami, hablaba justamente de las vidas de un centenar de lesbianas. Nicole lo había comprado, porque ella misma tenía dudas con respecto al tema. Quería entender si el deseo de estar con una mujer, a modo experimental, era lo mismo que elegir una como pareja.

Leyeron algunas partes. Al principio, las historias eran de amor, como cualquier relación entre hombre y mujer. Excepto por el hecho de que, en esos casos, eran mujeres. Pero los reclamos, los comienzos, los dilemas cotidianos, los celos eran exactos a los del mundo heterosexual.

-Raquel, vos me dijiste que, después de las terapias que hiciste a homosexuales, estabas convencida de que era genético. Y no un comportamiento aprendido.

-Y lo sostengo. Con Adriana me siento mucho más cómoda, sólo que nunca lo había explorado.

-Sí, pero fijate que, en este libro y en el otro que te mencioné, hay patrones que indican una niñez, en la cual es muy marcado el tipo de relación con el padre o la madre.

Adriana leyó un párrafo que comentaba cómo una niña, cuya madre era como la de Raquel, recordaba sentir admiración y envidia por su padre..., hasta que fue adolescente y pasó a tener un deseo por ella o, más bien, por mujeres... Ella se sentía más que su madre; y, por lo tanto, el objeto al cual quería proteger, amar, era a ella, no a su padre.

-Además, está el caso de los gemelos o gemelas.

Nicole había encontrado un estudio acerca de la homosexualidad en gemelos.

-Según ese documento, si fuera un tema genético, entonces, si un gemelo tuviera inclinaciones hacia el mismo sexo, también sería el caso de su hermano o hermana, cuyo ADN es idéntico. Y el porcentaje de gemelos (en el cual uno de ellos es homosexual y el otro, no) es mayor al de aquéllos en los que ambos lo son. Entonces no puede ser genético.

-¿No se puede y punto? ¿Quién se cree? ¿Acaso ésa es la verdad absoluta? No simplifique tanto.

-No dije que sea ciento por ciento verdad. Abrite vos alguna vez. Y pensá que, si un homosexual lo es porque tuvo vivencias que lo llevaron a serlo, se podría cambiar. Raquel, vos lo hiciste con muchos.

-Puede ser, no lo descarto. Si fuese así, para revertirlo, habría que hacer algún tipo de regresión.

-¿Vos la harías?

Raquel fue muy terminante. ¿Qué sentido tendría deshacer el camino, corto pero favorable, que acababa de emprender? ¿Para llegar a la conclusión de que debía volver al baboso de su marido? Ni loca; no en ese momento. Nicole, con el poco tino que tenía para decir las cosas, señaló a su otra amiga.

-¿Qué te hace suponer que Adriana va a ser distinta? Eso debe de haber pensado Camila.

Se pudrió todo. Adriana casi la mata.

-Oiga, parece una metralleta. ¿Cómo no mide lo que dice?

-Dale, no me digas que eso te ofende. No puede ser que no lo vean.

Raquel tenía otro punto de vista.

-No tiene nada que ver con el engaño que pueda surgir de una u otra persona. La diferencia está en cómo reaccionaría yo. Si Adriana, hoy, le está siendo infiel a Camila, y mañana lo es conmigo, yo ya parto desde otra base. No creo ser menos que ella; y, con Tiburcio, algo de eso existía.

No lograban ponerse de acuerdo. Según Nicole, Raquel no tenía por qué haberse sentido inferior a ningún hombre. Le dijo que, seguramente, con Tiburcio se había equivocado; pero no tenía por qué ser lo mismo con todos.

-No te lo digo por vos sola. Me incluyo en el cambio. Yo ahora me veo mucho más con Iannis que con Bigo. Pensándolo bien, esto es un despelote. Yo estoy evaluando ser un poco infiel; Bigo, en su momento, también lo fue conmigo; Iannis, con su mujer; Adriana, con Camila; Tiburcio, con vos; y ahora vos, con Tibur... El problema es otro..., es la monogamia. Discutamos eso. Propongo que apliquemos la teoría de los perros, y listo.

-¿Cómo es eso de que Bigo también lo fue?

-Vos me conocés. Me pasó por hablar tanto; creo que yo misma se lo metí en la cabeza. Todo el tiempo decía..., si algún día pasa, si alguna vez se te cruza, porque seguro que te pasa, bla, bla, bla, chau... Se hartó de tanta teoría, y se mandó, para que dejara de hablar idioteces.

-Entonces lo de Iannis es una revancha.

-No estoy haciendo nada con Iannis, no voy a hacer nada; y no es una revancha. Si lo fuera, estaría pensando en cómo hacer para que se enterara Bigo, para que sufriera. Pero no es el caso. Lo último que haría es destruirlo. Lo quiero demasiado. A Bigo. Y el barco que alquilamos se llama *Navenganz*. Él tampoco me lo permitiría.

-Oiga, genial cómo se entera uno de cosas. Ahora cuente la teoría del perro.

Se basaba en que no era natural que un hombre estuviera atado de por vida, sexualmente, a una mujer. Tal como se daba en el mundo de los animales, si un perro huele una perra en celo, se puede acercar y satisfacer ambas necesidades. A los hombres habría que dejarlos oler y mandarse. Cuando Nicole había dicho esto, en una comida, los amigos del marido lo habían felicitado por la sabiduría de su mujer. Cuando habían terminado de aplaudirlo, Nicole había agregado que faltaba una parte. Si una mujer, al igual que una perra, está en celo, puede elegir qué perro quiere que la satisfaga. Esa parte de la teoría no resultó igualmente aceptada por la concurrencia masculina.

-Usted delira. Raquel, sáquele el cigarrillo. Eso no es tabaco.

Callaron para ver la puesta del sol. Casi se diría que alguien apagó el *switch* de la charla.

Esa noche decidieron comer en tierra. Se vistieron, según ellas, con ropa formal. Es decir que las tres hicieron algo distinto a los días anteriores. Por empezar, se calzaron; y, después, se pusieron ropa interior de verdad, en vez de bikinis. Nicole se vistió con el único pantalón que había llevado. Era blanco, y le sentaba bien, gracias a que su parte trasera aún no había perdido totalmente la ubicación natural. Pero consciente de que su delantera era lo que más llamaba la atención, se enfocó en destacarla. Arriba llevaba un *top* color verde manzana, con breteles que se cruzaban en la espalda, ajustado, delineando ambos pechos, los cuales, hasta la fecha, tampoco habían necesitado retoque. Adriana estuvo un tiempo más largo para decidir el atuendo. Optó por unos pantalones color arena, sandalias negras, y una remera blanca, con cuello y sin mangas, menos ajustada que la de su amiga. Insistía con que eso, de fino, tenía muy poco. Y, por último, Raquel, con unos bermudas blancos, y una camisa colorada de manga corta, abierta adelante; lo suficiente como para sugerir, pero no delatar. Eran un trío atractivo, más aún por la indiferencia que mostraron al entrar. Ubicadas en una esquina de la terraza del restaurante, difícilmente pasaran desapercibidas. La delantera de la rubia, con su look despreocupado y natural, la belleza y delicada expresión de quien portaba la camisa roja, y la elegancia de la colombiana consiguieron acaparar las miradas. El resto de los clientes pudo ver que dos de ellas se tomaban de la mano y luego se besaban, de modo discreto pero terriblemente sensual. Mirando al trío, de lejos, daban ganas de escuchar la conversación. Por las expresiones, era fluida; y, a juzgar por las risas, también divertida. Algunas mujeres trataron de convencer a sus maridos para volver a sus respectivas embarcaciones, pero les fue imposible. Del restaurante no se iba nadie. Raquel, Adriana y Nicole no estaban para compartir anécdotas. Indiferentes al entorno, trataban de analizar, de manera desorganizada, qué hacer en unos días cuando terminara la fantasía que estaban viviendo.

   -No frieguen, yo no vuelvo. A mí ya me gustó esta vaina.

   -Yo vuelvo, aunque más no sea para ver si alguno de mis hijos quiere venirse conmigo.

   -Ah, buenísimo, imagínate el diálogo: "Chicos, qué tal si se vienen conmigo; ya no quiero estar más con su padre." "Pero, má, no quiero tener que cambiar de papá." "No, cómo suponen que les voy a hacer algo así... siguen teniendo el mismo, pero pueden compartir ¡dos mamás!" Ta, bárbaro, van a saltar en una pata.

   La situación de Raquel era, lejos, la más complicada. Ni siquiera estaba evaluando que ella y Adriana vivían en países distintos... Ése, todavía, no era el mayor de los problemas. Si lo que sentía era tan real como lo percibía, su vida cambiaría radicalmente...; demasiado para sus hijos. Habló en un tono muy bajo:

-Tengo que convencerme de que esto es algo para guardar en un cajón, y volver a mi vida de mujer.

-Yo no me meto en ningún cajón. Además, ¿cómo va a seguir con el monstruo de su marido? Que, para colmo de males, se llama Tiburcio.

Raquel no pensaba mantener la relación con su marido. El episodio con Adriana había resuelto esa parte de la ecuación. Casi ni le costaba pensarlo..., no le importaba, agradecía el empujón. Los chicos eran tema aparte. Adriana empezaba a estar mal. Toda su adolescencia se había sentido ubicada tal cual como lo había dicho Raquel... en un cajón. Dios. Pensaba: quién me manda a fijarme en alguien tan comprometido. Se fue de la mesa... ¿Qué había hecho? Tenía a Camila en mente, pero pensaba en cómo no herirla cuando le contara que lo de ellas era etapa terminada. ¿Tenía sentido que le pusiera fin sin tener lo de Raquel asegurado? Sentada en el muelle, miraba hacia absolutamente ningún lugar... Así la encontraron. Nicole apoyó su mano sobre el hombro de Adriana, y le dijo que tenía un plan. Se lo contaría en el barco. Ya no podía pensar más si seguía con los pies en tierra.

-Bueno, pues, déle que tengo sueño.

-No me apures, esto es muy delicado. Si querés lo escribo; y se los cuento mañana en el desayuno.

-¡Déle, cuente!

No era el momento. Tenía que descifrarlo un poco mejor, y prefería esperar.

-Con el humor que tenés, ni pienso. Traete un Bailey's. Contame una cosa, ¿tu familia qué dice de todo lo tuyo? ¿Saben?

-No abiertamente, pero están enterados. Por eso supongo que mi padre la invitó a su casa cuando fuera a Bogotá.

Nicole no podía imaginarse al padre de su amiga enfrentando esta situación. Era un hombre de tradiciones, vanidoso, muy conservador. Lo veía, más bien, tratando de ignorar el hecho; para, así, esperar que se mantuviera oculto. Pobre hombre. Dijo esto último en voz alta, dirigiéndose a su amiga.

-¿Pobre? ¿No es que usted piensa que todo esto es culpa de ellos? El único que yo tuve desde muy chiquita fue a él; entonces, que se joda.

Nicole calló, y Raquel fue quien ofreció consuelo. Besó la mano de Adriana, la miró con dulzura; y Adriana la abrazó. Impresionante lo que la enternecía el dúo a Nicole. Podía mirarlas sin sentirse incómoda; algo que sí le pasaba cuando una pareja normal se daba sin asco delante de ella. ¿Será porque, en este caso, no siento envidia o ganas de ser yo a la que están partiendo de un beso? Además, las puedo mirar todo lo que quiera. Estas dos ni se inmutan; en este momento les da igual si me convierto en una mesa.

-Ah, no, si van a hacer ruidos raros se van abajo.

No terminó la frase, que ya habían desaparecido. Cómo le gustaba a la uruguaya esa soledad. La que compartía únicamente con sus ideas, un barco, el agua, y el aire.

Entiendo la sensación de Nicole. No estoy en un barco. Ahora estoy en Punta del Este, escribiendo, escuchando la música de Jesse Cook, y la guitarra de Mason Williams. Cada dos por tres, levanto la mirada. El sol se está escondiendo... Me deja un horizonte rojizo, reflejado en el mar. Hace un rato era azul; ahora, casi plateado. Todos los barcos del puerto le hacen homenaje a la puesta del sol... Unas veces le dan la espalda; otras, lo miran de reojo. Pero, en este atardecer, sus proas apuntan directamente al oeste... El mío lo hará en unos meses; conmigo adentro, y con esta historia terminada.

En el camarote, Adriana estaba boca arriba, con los ojos cerrados. Raquel, a su lado, recostada sobre el brazo izquierdo, apoyando la cabeza en la mano, usaba la derecha para recorrer el cuerpo bronceado de la colombiana.

-No te muevas, dejame sentir cada centímetro.

Nicole esperó a que el *Navenganz* dejara de saltar con los movimientos de sus amigas, disfrutó del leve vaivén del mar golpeando el casco. Después bajó, y se dedicó a escribir el plan que les había prometido.

A la mañana siguiente, Nicole las esperó con el desayuno listo, y tres sobres. Raquel preguntó con pocas ganas de recibir la respuesta:

-¿Ése era el ruido de anoche? Qué lío hiciste, Niki.

-¿Yo? Tengo los gemidos grabados, y no eran míos. Cualquier juez me declararía inocente.

Adriana no hizo ningún comentario. Nicole le dio un sobre a cada una.

Bueno, en realidad, son hojas dobladas al medio; y sus bordes están pegados con cinta aislante. En ellos, además de tener cada uno de sus nombres, se lee:

Guión preliminar para la obra de teatro:
¡Sálvese quien pueda, volvemos cambiadas!

    Las hojas de adentro estaban numeradas. Nicole les comentó que eran actos. El primero, *Primer Acto: Adri-Cami-no-te-quieren-Bogotá.* Adriana la miró desconcertada.

-Dale, hacé de cuenta de que es la primer mañana tuya en Bogota. Yo hago de Camila.

-¿En serio se le ocurrió todo esto mientras dormíamos?

-Si hubieran dormido, no tendría tanto material. Se la pasaron haciendo chanchadas; tuve que hacer algo para distraerme. Dale, yo empiezo, soy Camila... *Mi amor, qué bonito tenerla acá nuevamente. ¿Qué cuenta de nuevo...?* Y te acaricia la nariz; pero no tenemos porqué hacer todo.

Adriana leyó su parte

-*Yo, divinamente. ¿A que no sabe por qué? Pero antes, deje que le explique, que no es usted, soy yo, necesito más espacio, necesito... ¿tocar otras tetas?... Las suyas ya me saben a...* ¡Oiga! Yo no le puedo decirle semejante vaina a Camila.

-Ah, no; si nos ponemos tímidas va a ser un problema. Dale, Raquel; ahora vos sos vos, y Adriana es Tiburcio.

Raquel leyó en voz alta,

-*Segundo Acto: Raquel-Tibur-sos-un-nabo-Buenos Aires.-* Y poniendo voz dulce, -*Tibur, mi amor, qué ricos huevos revueltos que te preparé... ah, y hablando de huevos, tengo que sincerarme contigo.*

Adriana puso voz de hombre y acento argentino.

-*Me tengo que ir... Si querés, mañana comemos tostadas.*

-*Quiero hablar de huevos. No me gustan los tuyos, ni los de ningún otro hombre* -siguió Raquel- *Quiero que sepas que ahora sí comparto algo con vos. ¿Viste que siempre me dijiste que te gustaban las conchas?...* ¡Nic, sos un desastre!

Adriana apuró su línea.

-*Raquel, dijiste huevos y conchas... ¿desde cuándo hablás tan coloquialmente?*

-¡Desde que me enteré que vos y tus huevos se entretenían con otra CONCHA. No te preocupes, yo me encontré una solita para mí... ¡Qué idiotez!

Nicole leyó el último:

-Tercer acto: Nic-Bigo-me-mata-Buenos Aires. Raquel, vos sos Bigo.

-¡Qué linda que estás! Y esa mirada... tiene algo distinto... ¿Por qué a vos te dicen que estás linda y a mí, nada?

-Porque vos salís al ataque. Nicole, o sea yo, entra como si nada. Bueno…, sigo y le contesto. *Sí, Bigo..., estoy enamorada.*

Raquel siguió.

-Yo también, y es de ti... No seas ridícula, Bigo nunca te contestaría con palabras.

-Seguí, tengo que practicar, no podemos improvisar.

Raquel volvió a cambiar su voz.

-...es por ti, mi amor. Y tú, querida, ¿de quién te has enamorado?

-Tú eres uno de ellos; al otro, después te lo presento... Me voy a convertir en mormona, te venía a pedir permiso.

-No seas payaso, mirá si vas a tener el coraje de enfrentarlo así. Explicame una cosa, ¿por qué tu diálogo suena como novela mexicana; y los nuestros, como películas pornos?

Nicole les comentó otra idea. Volverían, pero ninguna a su casa: cada una, a la casa de otra. Por ejemplo, ella iría a hablar con Camila, Raquel con Bigo, y Adriana con Tiburcio. Raquel dijo que ni pensaba. ¿Por qué a ella le tocaba Bigo?

-No se ofusque, yo la ayudo. Lo hacemos antes de que vuelva Nicole de Colombia.

-Eso, si vuelvo. ¿Qué saben si no me quedo con Camila?

-No friegue. Un día de éstos se va a pegar un susto.

-Yo no lo llamaría susto. A mí me gustó.

-No empiecen a lamerse tan temprano. Binoche, ¿cómo eras de chica?

-Muy callada. Mis padres se peleaban tanto, que prefería no hacer lío. Al principio, me acuerdo de proteger a mi hermano. Lo llevaba a jugar afuera, por ejemplo, o le pedía que me ayudara a dibujar algo. Pero eso duró poco; cuando apenas crecí, pasé a ser quien consolaba a mamá. No paraba de tener enfrentamientos con papá. O mejor dicho, estaba siempre defendiéndose de él. ¿Viste que dicen que, para pelear, se necesitan dos? Bueno, no era el caso. Papá la empezaba, la seguía, y la definía. De muy chica le tenía terror; pero, poco a poco, pasé a admirar su carácter, su forma de monopolizar cualquier situación. Para darte una idea, una vez llegó a casa, y pidió una copa de vino. Mamá se levantó a buscar la botella, iba de la cocina al living; después, al comedor; no tenía idea cómo disimular que no había ninguna. En vez de decirlo, directamente. Papá, irascible, le reclamó: ¿"Por qué, si sabés que me gusta tomar una copa antes de comer, no te ocupás de que haya, por lo menos, una botella en casa?... ¿Hace cuanto tiempo que me conocés?... Cuando nos casamos eras una mina inteligente..., ahora, no podés resolver un tema tan absurdo como éste." Mamá empezaba a dar alguna excusa, que apenas se entendía; y papá saltaba, cada vez más fuerte. "¡No es tan difícil! ¡Si te concentraras un poco más en las cosas de la casa, y en las necesidades de otros, esto no pasaría!" Y, después, seguía con cualquier otra cosa: "Lo mismo que la pintura de las puertas... ¿llamaste al pintor?, ¿y la plaga del árbol? ¿Te das cuenta?, ¡no me mires con esa cara de ignorante, no te estoy diciendo nada nuevo!" Mamá bajaba la cabeza, papá daba un portazo, y la dejaba; la hacía sentir cada vez más insignificante e ineficiente. Daba igual si estábamos nosotros ahí, si estaban mis abuelos, o mis tíos. Ella, a veces, lo miraba, tratando de señalarle que no era el momento de tocar esos temas. Él enfurecía: "¡No me mires así!, ¿o ahora también me tengo que callar?" No había salida, excepto para él... Daba un golpe en una mesa, contaba algún chiste, supuestamente para que el resto se distendiera..., excepto mi madre. Yo la abrazaba, siempre y cuando él no estuviera mirando. Le pedía que reaccionara, que no fuera tan débil. Nunca cambió… Ahora que pienso, no me daba bronca papá; me daban ganas de ser como él, así no iba a necesitar que me protegieran.

-¿Le pegaba?

-No, no me acuerdo que lo hiciera. Por lo menos, delante nuestro, no. Pero eso era peor, o me parece a mí...; le dejaba una herida bastante más profunda, y difícil de sanar. ¡Cómo la controlaba!

-Si decís que, con Tiburcio, vos te sometías, ¿no es lo mismo?

-Quizás usé la expresión equivocada. Hablando de mi costado profesional, considero que mantuve una independencia de criterio absoluta. Ahí me veía fuerte. En la intimidad, sin embargo, no fue lo mismo. No me entregaba. No daba tanto como recibía, era mucho más pasiva...; dejaba que él tuviera lo mínimo, y no más... Si te digo que nunca llegué a disfrutar del todo, ¿podés creerme?

-Antes te hubiera dicho que imposible, pero hoy…, puede ser.

-Con Adriana es distinto. Dejo que haga lo que quiera, y puedo retribuir; también me animo a tomar el control. Por momentos guío yo...; siento que puedo darme el gusto.

Raquel había hecho cualquier cantidad de averiguaciones con respecto a homosexuales, pero lo había aplicado siempre a los hombres, no a las lesbianas. Se había considerado una buena psiquiatra; hasta ese momento. De analizarlo mejor, lo hubiera visto.

-Vení. Acá hay un artículo interesante con respecto a la diferencia entre varones y nenas. No te juzgues tan duro.

Uno de los libros que había llevado Nicole estaba orientado al lesbianismo; el otro, a la homosexualidad en varones. Ambos comentaban algo similar.

En el artículo que había mencionado y que, por lo visto había arrancado, porque tengo el papel en frente, decía que:

...desde el momento en que nacen, los chicos se identifican principalmente con la madre; ella es el objeto de amor y cariño durante sus primeros años. En condiciones normales, el varón, en algún momento, tiene que separarse de la madre y encontrarse con su masculinidad. Cuando no lo logra, y se identifica más a fondo con el lado femenino, tiende a idealizar la figura masculina; y, por ende, a desearla. Las mujeres, normalmente, no tienen que hacerlo.

-Pero en situaciones como la que viviste vos, Raquel, las chicas se separan de la imagen materna. Porque es una imagen débil; porque entienden que, siendo como ellas, van a sufrir. Entonces se vuelcan a lo masculino o a la protección de lo femenino. Bueno, puede ser otra de mis conclusiones simplistas. ¿Fue eso lo que te pasó?

Raquel entraba en un dilema cada vez mayor. No sólo se replanteaba su orientación sexual; sino, también, su habilidad como psiquiatra. Sintió que caía en un pozo. Y en él caerían sus hijos. Les había mentido hasta en el momento en que los había concebido, bajo otra identidad. Ya no era la Raquel que conocía nadie, ni ella misma.

Adriana subió, y no le gustó lo que percibió. Raquel no hablaba, Nicole se había ido a nadar, y ninguna de las dos había tocado el desayuno. ¿Se habrán peleado?

-¿Le molesta si me sirvo un café?

Respondieron los ojos de Raquel. Ni una lágrima, ni una emoción. Eran una barrera..., imposible descifrar qué estaba pensando. Tampoco tuvo tiempo de preguntar. Raquel fue a proa.

El almuerzo resultó bastante más animado; por lo menos, para Adriana y Nicole. Esta última volvió con ganas de navegar un rato, de charlar con su amiga de facultad. Había extrañado la voz de Iannis, pero no quiso darle mayor trascendencia al hecho. Era mejor pensar en otra cosa. La amistad que había recuperado tenía prioridad, y le quedaban pocos días para disfrutarla. Raquel no salía de su estado de reflexión, y ninguna de las otras dos quiso invadirla. Mientras leía, pensaba y se recluía, Adriana y Nicole aprovecharon para continuar rellenando, como podían, las historias que se habían perdido. La colombiana contó un poco más acerca de la muerte de Ricardo; había sido realmente dura. Nunca había sentido un gran amor por él, pero no haberlo hecho feliz la había atormentado por muchos años.

-Hubiera sido bueno dejarlo ir con la sensación de que lo quería como para casarme.

Para él, ella era todo; y, años después de su muerte, Adriana sintió que lo tenía cerca, que todavía la acompañaba, o que aún estaba protegiéndola. Hasta ese momento nunca se lo había contado a nadie, pero a veces hasta le hablaba, y le contaba sus nuevos caminos, sus inclinaciones.

-¿Sabe qué? Mejor que se murió. Imagínese cómo lo hubiera herido.

-Es genial, hasta justificás su muerte.

-No sea burra. Pero quién dice que tiene razón. Murió sintiéndose todo un macho; con lo mío, le hubiera dado un infarto.

-¿Ves? De una manera u otra, se moría igual.

Leyeron las cartas que Nicole había traído, miraron más fotos. Recordaron el camping que habían hecho al terminar uno de los semestres. Nicole nunca había dormido en una carpa antes de ese viaje; habían ido con dos amigas más. Adriana se había encargado de tomarles cuantas fotos pudo; todas, en los momentos más inoportunos. Había entrado a la carpa cuando dormían, cuando se cambiaban, se les metía en la ducha..., las fotos eran realmente espantosas.

En una de las que tengo acá, Nicole tiene su pelo totalmente desordenado, está llena de mordeduras de mosquitos, hinchada por la humedad. Por lo visto era una época en la que comía bastante. En ninguna de las fotos del camping está Adriana.

Nicole le pidió a su amiga que se deshiciera de cuanta evidencia encontrara.
-Tomá fotos ahora, y mantengamos los otros momentos como recuerdos…, no gráficos.
-Cómo nos reíamos, ¿se acuerda del boliviano? Usted se la pasó explorando nacionalidades.
-Debí haber estudiado relaciones internacionales. Y algunos idiomas más. Griego, por ejemplo.
Por su parte, Nicole sabía que no podía retener a los dos. O deshacía su matrimonio, o iniciaba algo nuevo. Bigo le seguía pareciendo atractivo, inteligente; y Iannis, muy interesante; pero no veía la forma de tener una vida con él, a costa de la infelicidad de muchos. El hecho de haberlo conocido, y saber que existía, era suficiente. No daría más vueltas. Las ganas de mirarlo eran demasiado fuertes, pero debía renunciar a ellas. Le contó a su amiga acerca de su duda o su dilema, y ella la tranquilizó. -En el fondo- le comentó -es un poco lo que me pasa a mí; puede ser que estemos viviendo nuestra segunda adolescencia.
Esa noche fondearon en Cooper Island. Raquel llamó a Buenos Aires, aprovechando que las otras dos continuaban su charla en las colchonetas.
-Hola, Tiburcio, ¿cómo estás?, ¿bien?... Yo bien, gracias. Decime una cosa, y no estoy para vueltas. Si hay alguien o no, es igual... a mí ya no me querés, ¿estoy en lo cierto?
-No de la misma forma.
Lista o no para la respuesta, no dejó de sentir escalofrío.
-Entonces te la hago fácil. Cuando vuelva a casa, pensemos cuál de los dos se va, y cómo se lo decimos a los chicos.
-Yo no dije nada de irme, ¿qué te pasa?

Raquel lo frenó. Le dijo que era obvio que había alguien más, que no tenía ningunas ganas de averiguarlo; y que, si era con quien se quería quedar, era cosa de él. Ella tampoco tenía ahora la autoridad suficiente como para reclamarle que dejara la diversión. Además, no lo quería de la misma forma tampoco. Los escalofríos se sintieron en Buenos Aires. Tiburcio quedó mudo. Esperaba llanto, o un pedido de reconciliación; nunca lo que estaba escuchando.

-No quiero gastar mucho más de *roaming*. ¿Cómo están los chicos? ¿Me pasás con Julián?

Habló con los tres. Julián era el mayor, tenía veinte años; el segundo, Mateo, diecisiete; y la tercera, Sandra, la más parecida al padre, dieciséis. Le mandó saludos a su marido, pero no pidió seguir la conversación con él. En unos días volvería, les comentó, también que los extrañaba; y les preguntó por los estudios. Julián cursaba el segundo año de ingeniería y dudaba con respecto a la Universidad que había elegido; quería que regresara su madre para evaluar el cambio.

-No te distraigas. Terminá el semestre tan bien como lo empezaste. Con el tiempo vas a tener un panorama más claro.

Sandra no tenía problemas, tampoco era lo que más le preocupaba. Se había peleado con Marcos, el novio, algo bastante recurrente; esta vez, dijo, había sido ella quien había querido cortar. Raquel le comentó que hablarían a la vuelta, que si quería dejar esa tortura de relación, la felicitaba; pero que no le creía. Enojada, le pasó a Mateo; éste, en su último año de colegio, compañero de clase de Marcos, planificaba con entusiasmo el viaje de egresados en unos meses.

-Má, decíle a Sandra que haga lo que quiera, pero que no nos arruine el viaje. Marcos se la pasa hablando de eso.

Colgó, contenta de haberlos escuchado, y nerviosa pensando en cómo iba a encararlos. Con respecto a Tiburcio, se había sacado un peso de encima; lo había dejado con lo que se merecía, no tenía por qué continuar dando explicaciones. Qué hacía ella con lo suyo, lo dictaría la vuelta; lo determinarían las caras de esos tres adolescentes.

Esa noche durmieron, cada una con sus ideas, sus dilemas, y su buena cuota de vino blanco y salmón. Ninguna podía enorgullecerse de su capacidad en las artes culinarias. Optaron por pedir la comida, incluyendo el postre, a un *delivery* del que no se arrepintieron.

Capítulo XIV

Iannis observaba el Caribe desde la ventana del avión. No había tenido tiempo, ni ganas, de despedirse de la uruguaya. Por primera vez en su vida, lloraba sin ocultarlo. Sebastián había tenido que volver a Buenos Aires de urgencia, eso había dicho. La razón no había sido muy clara; pero, al ver que Álvaro también estaba convencido de acortar el viaje, Iannis lo tomó como una señal. Le dolía todo; su cuerpo no podía digerir; sus órganos estaban ocupados, retorciéndose sin parar. Ninguno de los dos, ni Iannis, ni su estómago querían volver a casa.

Llegar a Buenos Aires fue duro, excepto por la noción de que en unos días, ella también estaría allí. Y, aunque no tuviera idea de en dónde, el hecho de saberlo lo tranquilizaba. En Ezeiza lo esperaban su mujer, Lorena, y sus hijos. Fue difícil mirarla a los ojos. No era un hombre que escondiera bien sus sentimientos. Las sonrisas de los chicos lo llenaron de tristeza.

Nicolás, de seis años, había extrañado mucho a su padre. Saltaba a su alrededor, tirándole del sweater.

-¡Pá!, no sabés lo que me dijo la seño... ¡Soy el mejor en fútbol, y me van a regalar una pelota!

Santiago tenía nueve años, y siempre había sido muy perceptivo.
-Pará Nico, dejalo. Pá, ¿estás cansado?

Acarició su cabeza, y suspiró; Dios, dame fuerzas. Durante el viaje a su casa, estuvo callado. Respondía con monosílabos a las novedades. No recordaba haber tardado tanto en recorrer la Panamericana. Su mujer, después de un rato, nerviosa, optó por el silencio. El hombre que había vuelto no era el mismo que había despedido una semana antes. Una vez en casa, Iannis hizo algunos llamados por trabajo, y se recostó. Le fue imposible descansar. Salió a jugar con los chicos, los invitó a comer a *McDonald's*, Lorena se quedó en casa. Cuando estuvieron solos, tomó coraje. A ella no le podía dar esperanzas de nada en el futuro. Ya la había hecho sufrir con la ridiculez de la azafata; pero, en esa instancia, no había dudado. Todavía la quería y no pensaba separarse. Esta vez era distinto. Por ella, no sentía más que cariño; y lástima.

-Lorena, no quiero lastimarte...

Ella sintió el escalofrío. La misma sensación que unos años antes. Después de superar ese momento, se había prometido no sufrir jamás de la misma forma. Había sido muy difícil digerir esa infidelidad. Se arrepintió de haberlo perdonado la última vez, de haber hecho el esfuerzo. ¿Por qué no había podido prever esta otra? Con un instinto casi animal y la piel erizada, tomó fuerzas y respondió.

-Con esa frase ya empezás a hacerlo. No sigas. Esta vez no pienso pasar por las mismas. No tenés derecho. Y yo, menos, por idiota.

Dejó de hablar para que no la interrumpiera el llanto. Subió al altillo, y bajó en minutos, nuevamente suprimiendo las lágrimas;

-Subí, hacé las valijas; mañana te vas. Antes, sos vos el encargado de explicarles a los chicos, como puedas, por qué sus padres van a vivir en casas diferentes.

Durante el desayuno, Iannis les comentó que tenía mucho trabajo y que por eso iba a tener que vivir más cerca del aeropuerto.

-Los adoro a los dos. Este fin de semana vienen a ver mi casa nueva.

-¿Nos lleva mamá?

-Nic, no entendés nada. Pá...

Santiago no pudo terminar. Corrió a abrazarlo y lloró.

-Te quiero mucho. Quedate.

-Vamos a hacer una cosa. Esta tarde los paso a buscar y los llevo a fútbol.

-¿Después podemos ir a tu casa nueva?

-No, Nico, papá dijo que el sábado.

Lorena no podía creer la escena. Deseaba que fuera una pesadilla, despertarse de una vez. Pero no fue así. Esa noche dejó que los chicos se quedaran despiertos hasta más tarde que de costumbre. No quería leerles; les puso una película, y se desplomó abrazándolos.

Iannis sentía un leve dolor de estómago, pero menor al de la noche anterior. Qué pasaría más adelante, estaba por verse, pero había sido honesto; con Lorena y con él mismo. Eso lo reanimaba.

-¿Me estás jorobando? ¿Cómo que te fuiste de casa? Te trajimos al divino botón.

Sebastián no podía creer lo que escuchaba. Junto con Álvaro habían decidido sacarlo del ambiente caribeño para ver si sentaba cabeza, pero habían logrado todo lo contrario.

-No te preocupes, sé que lo de ustedes era mentira; pero en algún momento tenía que volver, y esto iba a pasar.

Iannis le dijo a su amigo que lo más lógico era dejar que Lorena empezara otra vida sin él. Ya no compartía nada con ella. La aparición de Nicole había sido el detonante, no la razón.

-Ni sé si la voy a encontrar. Tampoco si la voy a buscar. ¿Pero cuántas veces voy a someter a Lorena a una infidelidad? Es una mujer atractiva, no se va a quedar sola; merece mucha más atención de la que yo le daba.

-No sé si sos un cobarde o un corajudo. Llámame si querés tomar un café.

En el *Navenganz*, Nicole, por primera vez desde que había empezado a navegar, sintió nauseas. Estaba sentada en proa, abrazada del púlpito, mirando el anochecer, cuando, de repente, una puntada en el estómago la había hecho retorcer; tuvo la sensación de que perdía el equilibrio.

-Adriana, traéme la botellita de alcohol que hay en el baño.

-Uy, marica, está pálida. No se nos enferme. Entre la locóloga y yo no hacemos ni media capitana. ¿Qué le pasó?

-No tengo idea. Pero no te preocupes, se me pasa rápido.

Extrañada, y súbitamente muy triste, trató de distraerse. Pensó en Bigo, en Buenos Aires, y en lo diferente que le iba a parecer todo. Bigo, por favor, discúlpame; fue solo un veneno temporáneo. Esperó unos minutos, y volvió a popa.

-¿Raquel, seguís jugando al tenis?

-¿Qué te pasó?

-No sé. Estaba perfecta.

Hablaron de los hobbies de cada una. Adriana no había cambiado desde la época de la universidad. Seguía yendo a recitales, bares; reuniendo amigas los fines de semana en el campo. Juntaba más gente los viernes si se quedaba en Bogotá; salía a bailar... Básicamente lo mismo, si no fuera porque ahora lo hacía únicamente con mujeres. Nicole, además de navegar, había vuelto a leer, como lo hacía cuando era muy chica. Había pasado de leer novelas a biografías, y estaba pensando en escribir una novela. -Ahora más que nunca, con la historia de ustedes, voy a llenar cualquier cantidad de páginas.

-Yo nunca quise ser un personaje ficticio.

-Quien dijo nada de ficción. Va a ser una novela histórica. *Memorias de un cambio radical: La psiquiatra y la arquitecta.*

-¿No piensa en usted? *La capitana y el piloto: Memorias de una masturbación platónica.*

-Tenés razón, el tema de ustedes es más divertido. Largo ya. Y, birome en mano, empezó:

Si no me pongo a escribir, voy a dar vueltas con el tema de Iannis... eso sería poco sano. Y no puedo defraudar a mis lectores (¡mis lectores!... como si ya tuviera un millar de personas reclamando el próximo libro. Bueno, no importa, soñemos.) ¿Habrá alguna forma de relatar la historia de estas dos mujeres? Empiezo por la manera como nos encontramos con Adriana, cuento un poco acerca de nuestro pasado, y trato de incorporar la historia de Raquel. No tengo por qué repetir todo lo mío, sería lo más aburrido... saber qué impulsó a mi ex psiquiatra a girar ciento ochenta grados es lo que me interesa. Vamos, mano, ayúdame que no tengo ni pizca de sueño.

Esa noche le costó dormirse. Adelantó su nuevo proyecto hasta que la muñeca dejó de flexionarse, y le pidió a su dueña un descanso. Vaga, le dijo a la mano, si no es con un teclado, no sabés trabajar. Mañana prepárate, que esto lo vamos a contar vos y yo; y, si te portás bien, cuando lleguemos a Buenos Aires dejo que tu manito gemela te acompañe con la *laptop*.

La mañana las saludó, nuevamente, con un cielo despejado, una buena brisa, y el sol acompañando. Dos días más, y tendrían que volver. El desayuno fue liviano. El hambre no era lo que prevalecía en ese barco, pero siguieron la regla impuesta por Nicole; debían tener algo en el estómago, por más insignificante que fuera. -De lo contrario- les dijo -estarían pálidas, vomitando; y se iba a ensuciar el tapizado.

Raquel se había despertado antes que las otras. Dormir con Adriana era dormir en serio. Descansaba cualquier cantidad, se relajaba, soñaba... Esa noche había vuelto a su casa de chica; estaba con su hermano, jugando con unos barquitos de madera; los ponían en la pileta, y probaban hacerlos llegar de un borde a otro; pero nunca lo lograban. Al ser la más grande, era ella quien se tiraba a rescatar los veleritos, pero se descuidó, y su hermano se tiró antes al agua. El padre había aparecido de la nada, lo había rescatado con un palo de jockey; y, sin soltarlo, se había encaminado hacia su madre. La mato, decía, reclamando que no era posible que los hubiera dejado solos. Raquel le gritó con furia, ¡no la vas a encontrar!, ¡la tengo escondida! Y veía cómo su madre escapaba por la puerta del jardín, aprovechando que él se había dado vuelta, a contestarle a su hija. Del otro lado del portón del jardín, Adriana esperaba a su madre, sonriendo, vestida de *chauffer*. En un instante, supo que su madre y la conductora estaban enamoradas, y eso la hizo sentir bien. Despertó contenta. Se habían salvado todos. Pero, pronto, cambió su expresión, ¿entenderían sus hijos?

-Hoy vamos a navegar hasta cansarnos. Nicole, ¿cómo no me insististe para acompañarte alguna vez con el tuyo? Es un placer.

-Ni te contesto. Sos un aparato.

Nicole se había cansado de pedir que la acompañaran cuando todavía no sabía navegar muy bien. Lo había hecho hasta que había cambiado de barco, y aprendió a navegarlo sola. Desde ese momento, habían aparecido amigas que ni sabía que tenía, que insistían en compartir con ella la sensación que describía con entusiasmo..., pero era tarde. El velero se había convertido en su mejor amigo, en su amante; no podía invadirlo con extraños. La magia entre ambos no se prestaba para terceros. Había sacado a Bigo un par de veces, hasta que le confesó que prefería jugar al polo, y eso funcionaba para los dos.

Adriana apareció, se sentó suspirando, y no miró a Raquel por miedo a ver la misma desolación de la tarde anterior. Sin embargo, ésta se acercó a la colombiana, y se sentó arriba de ella, como montando un caballo. La abrazó, se inclinó, y le dio un beso.

-Buen día, ¡qué manera de dormir!

El abrazo entre ambas no terminaba más, y Nicole aprovechó para describir la escena.

Con dulzura, Raquel abrió las piernas, y se sentó a upa de Adriana (upa, no; pero no encuentro otra palabra, después la cambio). Con las manos, acarició su cara, y se inclinó para besarla. Adri respondió con fuerza. La tomó entre sus brazos, la acercó un poco más y...

-¡Hey! ¡Sacá la mano de ahí! ¿Pueden mostrar un poco de respeto?
-No joda. Llame a su amigo.

Sigo... Adriana deslizó una mano dentro del bikini de Binoche, y con la otra, lentamente, le abrió el único botón de la camisa que llevaba abrochado. Vestida con su short pijama y una remera cortita, consiguió sacarle la camisa. La suavidad de Raquel, sometida al firme ritmo que impone la otra, es un espectáculo. Recorren sus cuerpos cada vez más aceleradas; las manos de Adriana acarician con fuerza los muslos de la sonrojada Raquel; y ésta, a su vez, responde acercando sus pechos, abrazándola más y más fuerte... Están a punto de poner en marcha al **Navenganz** *sólo con el movimiento de sus cuerpos. Estas dos no piensan dejar la cubierta, son un escándalo. Hablando de poner algo en marcha..., ya vuelvo...*

Mientras el ambiente continuaba elevando temperatura, consciente de que su participación era nula, Nicole liberó al barco de su amarra. Apuró la salida, evitando alarmar a los vecinos. Sus amigas se habían despojado de todo atuendo y, por lo visto, de pudor. No se les nota la más mínima intención de bajar. Desplegó la mayor, y navegó con una sola vela, hasta que sus dos tripulantes terminaran de satisfacerse sobre la proa. Cuando pudo abrir la vela, se tomó la libertad de frenar el barco en medio del mar Caribe, poniéndolo a la capa, un sistema que utilizaba para aguantar el mal tiempo. Le pidió a sus amigas que esperaran. Necesitaba hacer una reflexión, y escribir sin interrupciones.

Bajó a su camarote, cerró la puerta, y pensó en Bigo. Recordó estar en un lugar muy parecido, junto a él; trajo a su mente la forma en que la había sorprendido mientras dormía una siesta. Cuando despertó, boca abajo, el cuerpo de su marido le estaba haciendo masajes en la espalda; y, con sus manos, exploraba la parte superior de los muslos. Con movimientos reptiles, Nicole se había abierto, se había estemecido, y le pidió que hiciera con ella lo que quisiese. Bigo la conocía, la había llevado al punto en que los ruegos se habían hecho irresistibles, y sólo en ese momento, la penetró. Cuando subió, no pudo disimular.

-¿Qué tanto escribía? Está roja, muéstreme sus manos.

-¡Asquerosa! ¿Qué estuviste haciendo?

-Me están jorobando. ¿A mí me dicen? Abróchate la camisa, o ponéte algo; cada vez hay más barcos dando vueltas.

Era tal cual. Miraron a su alrededor, y se dieron cuenta de que no estaban solas. Dos veleros y un catamarán giraban en torno a ellas, como si el *Navenganz* fuera una boya de regata. En uno de los veleros, que por su apariencia no era de alquiler, había un hombre solo. Se les acercó para preguntar si necesitaban ayuda.

-Vi que frenaron el barco, y supuse que tenían algún problema.

-Muy amable de su parte, pero estamos lo más bien. Era un problema menor. La capitana estaba arreglándose los labios inferiores.

Igualmente, el señor se mantuvo cerca. Venía del Cabo de Buena Esperanza. Su paso por el Atlántico había sido largo. Su destino eran las islas Galápagos; y luego volvería a Inglaterra, atravesando el Cabo de Hornos. Era un hombre menudo, delgado; tenía unos sesenta años, y una mirada serena. Ojos azules, transparentes; pero expresivos. Su barco era de madera, impecable, equipado con timón de viento… Nicole insistió en conocerlo. Jacques aceptó, pero antes las acompañaría hasta Marina Cay. Fondearon cerca, y la capitana del *Navenganz* se cruzó nadando, ansiosa de ver cómo vivía. Jacques la recibió con recelo. Su barco era para estar solo; pero el entusiasmo de la uruguaya había sido imposible de frenar. Estuvo un rato recorriendo cada rincón, preguntando cuanta inquietud le surgía, hasta que notó la incomodidad del dueño.

-Disculpe. Empecé a navegar de grande, y leí mucho sobre personas como usted. Nunca conocí uno. Mi marido es francés, como usted, y...

-Soy inglés. ¿De qué parte de Francia es su marido?

-París, es diplomático. No navega, pero me encantaría que lo conociera. Si pasa por Buenos Aires, ¿por qué no viene a casa unos días?

-Le agradezco la invitación.

Nicole le dio los datos, volvió al *Navenganz*, y llamó a Bigo. Le contó de Jacques, le comentó lo bien que la estaban pasando, le insinuó lo de Raquel... A Iannis no lo mencionó, lo guardaría como recuerdo. La voz de Bigo era firme, como de costumbre, pero cálida y comprensiva.

-¿Tenés algo más para contarme?, ¿cómo te sentís con lo de tus amigas?

-¿Sabés que no me impresiona? Es muy lindo verla a Raquel en un entorno tan distinto, y tan a gusto. Me cuesta creer que está casada.

-¿Te confunde?

-No. Hablo con vos, y se me aclara todo. Te quiero, Bigo.

-*Moi aussi*. Apurate y volvé.

Colgó encantada. No iba a ser difícil volver. ¡Qué bien se había casado! ¿Cómo podía haberlo dudado? Adriana bajó y le tocó el hombro. No le dijo nada; simplemente le dio unas palmadas, y ambas supieron que las cosas volverían a su lugar.

-¿Cómo nos perdimos tanto tiempo, Uribe? Te extrañé.

-¿Sabe que nunca pensé que usted iba a entender lo mío?

-¿Por eso desapareciste? Mirá que costó ubicarte. Si de chicas nos contábamos todo, ¿por qué iba a ser distinto de grandes? Aunque, pensándolo bien, la que contaba era yo; pero me desvié del punto. ¿Cómo dudaste de mi reacción?

-Usted venía creciendo como toda una dama. Me la imaginé con hijos y delantal. La Susanita perfecta.

-Qué fácil es humillar. Igual, me alegro de haberte encontrado.

El lugar adonde pasarían la noche era más edificado que los anteriores. Aprovecharon para ir a tierra, darse una ducha con agua caliente, comprar algunos regalos, y deshacerse de la basura que venían acumulando. Salieron a navegar un rato más, pero volvieron justo a tiempo para la puesta del sol, y para recibir a Jacques. Venía bastante más vestido y limpio; con una invitación para cocinarles en el barco de ellas, si le permitían. Era un hombre particular e, indiscutiblemente, estaba interesado en la psiquiatra. Hablaba con las tres, pero buscaba la forma de llamar la atención de Raquel de una manera casi infantil. Cuando Jacques se acercó a servirle una copa de vino a la divertida doctora, Adriana, en un arranque de celos, se adelantó, acarició el cuello de su pareja y le besó la boca.

Jacques prefirió ignorar el hecho. Les contó más historias, y respondió a las preguntas de las tres. No entendían por qué tenía ese nombre.

-Jacques pronunciado así es francés, no inglés.

-Cierto. Se lo cuestioné a mi madre por muchos años, pero esperó a que fuera un adolescente para responderme. Resulta que, en su pasado, tuvo un novio francés del cual estuvo muy enamorada, llamado Jacques. No pude conseguir que me dijera si ese romance había ocurrido mientras estaba casada con el hombre a quien yo le decía "padre". Nunca respondió esa pregunta. Se limitaba a sonreír, y seguía contándome cuán enamorada había estado..., del francés. Cuando aparecía mi padre, callaba. Murió sin aclarármelo. Tenía un sentido del humor muy extraño.

Contó que, en medio de su viaje, había pasado diez días con el barco fuera de la costa de Sudáfrica, esperando que pasase una tormenta; y en ese momento había aprovechado para ordenar un poco la cabina del barco, y leer. Confesó que, al cuarto día, estuvo a punto de replantearse el viaje que había emprendido. Se alegraba de haber aguantado, y siguió camino por el Atlántico. Igualmente, durante su recorrido por el océano, algo había golpeado el casco y empezó a entrar agua, aunque en una cantidad muy reducida. Evaluó el daño, y no quedaban dudas: tenía que sumergirse para repararlo; pero, cuando se dispuso a hacerlo, notó que estaba acompañado de aletas, y que eran varias. Para ahuyentar a los tiburones, rompió un par de camisetas blancas en pedazos, arrojándolos al mar con un intervalo de segundos, rogando que funcionara el truco que, en su momento, había leído en el diario de viaje de otro navegante solitario. Orgulloso de su memoria, y feliz de haber comprobado que funcionaba la teoría, pudo tirarse al agua y cubrir el ínfimo agujero.

Es de día. Estoy acompañada por un cigarrillo, una Sprite Zero, y una canción llamada El Sensei. La letra da para pensar que estoy a punto de prepararme un porro antes de seguir escribiendo. Pero no lo necesito; de hecho, nunca probé una droga. En la escritura, como también en la náutica, tengo mis adicciones. Las considero un poco más sanas, o no. Quizás tenga que acudir a alguna Raquel para que analice mi estado... Sigo.

Miraban a Jacques con curiosidad; Nicole, con envidia; Adriana, incrédula. Para ella era incomprensible que alguien pudiera pasar, sin compañía tanto tiempo, confinado a un espacio reducido, como auto-imponiéndose un castigo. Raquel, al escucharlo, evaluaba lo importante que era tomarse espacios de reflexión como lo hacía este hombre. Ella debería haber hecho algo similar en varias ocasiones. Hoy no estaría tan perdida. Se acordó de los retiros espirituales a los que acudían algunos de sus amigos o pacientes. ¿Cumplirían el mismo objetivo que la vida de Jacques? Ambos enfoques tenían un tinte místico.

-Jacques, ¿puede parar un minutico de contar tantas aventuras? Ya nos dejó boquiabiertas; pero yo no me como el cuento de que sea tan placentero vivir como un hippie. Y, menos, que sea productivo. Es una irresponsabilidad de su parte tomarse la vida como si fuera una secuencia de vacaciones prolongadas.

-¿Para usted cuál es el problema?, ¿que lo pueda hacer?

-No sea egocéntrico. Más bien cuénteme cuál es su aporte a la sociedad.

Jacques, sin levantar el tono, le pidió a Adriana que ella dijera cuál era el suyo. Ella contestó que, por lo menos, a través de su trabajo, ayudaba a empresas; y, por ende, a sus empleados, a crecer y ganar.

-¿Ganar qué?, ¿dinero? ¿Alguna vez se preguntó cuánto pierden?

Las facciones de la colombiana se endurecían a medida que avanzaba la conversación. Lo acusó de ser un militante de izquierda. ¿Acaso la gente podía vivir sin tener un trabajo, o ganar dinero ejerciéndolo?

-¿Entonces cuál es su conclusión?, ¿que los humanos deberíamos seguir como micos, arriba de los árboles, comiendo bananas?

Nicole trató, varias veces, de decir algo; pero le fue imposible. Raquel llevaba una ventaja para interrumpir... Jacques le daría el espacio; y, por las mismas razones, lo haría Adriana.

-Raquel, dejá de observar. Separá a las bestias.

-Exagerada. No creo que sus puntos de vista sean excluyentes. Adriana, por lo que me dijiste, te encanta ir al cine; y a Nicole le gusta leer. La vida de Jacques es exactamente eso: una obra de arte. Él la vive. Otros la escriben o la pintan; pero todos, de una manera u otra, nos aportan algo. Y Jacques, usted no debería ser tan duro con respecto al aporte material. Aunque más no sea, a modo de trueque, usted debe de haber hecho algo para poder abastecerse, para construir el barco.

Adriana quedó callada, pero no satisfecha. Jacques asintió, y comentó cuán acertado había estado al suponer que esa mujer, que había visto desde lejos, con una camisa roja, era una persona digna de conocer. Nicole protestó.

-Adri, nos acaban de catalogar de insignificantes.

Había aprendido de su abuela a apreciar ser ponderada o criticada. -Que hablen de ti, mal o bien- le decía -es siempre mejor a que no digan nada.

-Para nada creo que sean insignificantes. Gracias a ustedes dos, la conocí a ella. Pero, hay más. Nicole, su entusiasmo por la navegación y por mi vida, y el cuestionamiento de la señora, me han dado el puntapié. Aportaré de una manera más tangible, encontraré la forma. Eso, *mademoiselles*, se lo debo a ustedes dos.

Raquel sonrió, y pidió reconocimiento.

-Entonces yo debería quejarme de insignificante.

-No lo crea..., usted ha conseguido que mi corazón bombee a una velocidad superior. Sin ser médico, podría asegurarle que el respirar, pensando en su imagen, me proveerá una depuración sanguínea muy placentera.

Adriana y Nicole se miraron tentadas.

-Oiga, Nicky, en Inglaterra le llaman *depuración sanguínea*. ¿O es su costado francés el que habla? ¿Los europeos son poetas hasta para masturbarse?

-Queda bien... Escuchá. Puedo llegar a casa y decir, "Bigo, ¿querés mirarme mientras depuro mis venas?" Y él va a entender perfecto porque es europeo, como nuestro amigo; y me va a contestar, "*Oui, oui,* depuremos juntos."

Jacques sonrió, y les pidió un regalo de despedida. Una foto.

Pensar que, cuando empecé este libro, supuse que el hombre mayor sería el tema principal. Me imaginé que era el padre de una de ellas; que era el dueño del barco y que era quien había muerto. La vuelvo mirar. Jacques está en el medio de Adriana y Nicole; las dos, rodeándolo con los brazos. Los suyos se apoyan sobre los hombros de Raquel, que está agachada, dándoles la espalda. No era un misterio, no es adonde la historia me llevó; sin embargo, no puedo dejar de mirarla.

Jacques volvió encantado a su barco, habiendo prometido escribirles por separado, para que, en sus palabras, ninguna dudara de su "significancia."
Cuando quedaron solas, Adriana se dirigió a Nicole.
-¿A usted, en serio le gustaría estar flotando por el mundo a solas?
-Nunca estoy sola. Es una forma de verlo.
-Igualito a la respuesta que dio Clinton, ¿se acuerda? Le preguntaron si estaba solo mientras tomaba decisiones en la *Oval Office*, en tal y tal fecha. Se sabía que en esas ocasiones lo acompañaba la Lewinsky, por debajo del escritorio. Antes de responder, preguntó qué querían decir con la palabra "solo". No sea chistosa.
-Estar sola físicamente no implica un vacío... me acompaño con todas las personalidades que me han atribuido.
-Oiga, psiquiatra, ¿eso no sería causal de encierro?
-En el caso de Nicole, está en el límite. Dale crédito a lo que dice; no es la única que tiene necesidad de aislarse para juntar todos sus "seres".
Adriana casi las mata a las dos. Les pidió que dieran ejemplos concretos, que dejaran de justificar el perfil bohemio de Nicole, a quien tildó de adolescente perpetua.
-¿Se dan cuenta de que mañana es el último día y no hemos resuelto nada para la vuelta?
-¿Por qué asumís que somos todas unas improvisadas?
-Entonces, decime ya... Uno, ¿qué le vas a decir a Tiburcio? Y, dos, ¿qué preparaste para comer esta noche?
Raquel les alcanzó la última botella de vino que les quedaba.

-Ábranla y, mientras tanto, preparo la comida que cada una se merece.

Con ese decreto, bajó; y se llevó, consigo, la copa llena. Al rato, subió con dos platos. En uno, había puesto dos huevos duros y una zanahoria, unidos en forma pornográfica, con un poco de salsa golf. Con la misma salsa, en otro plato, había escrito "para Nicole... divertite". Le alcanzó el cuaderno y una birome, para que continuara la novela. Y, tomando la mano de Adriana,

-A vos, te doy de comer abajo.

Dejaron a la uruguaya, quien empezó a quejarse. Pero las sugerencias de Raquel habían sido claras; y, por qué no, divertidas.

Sentada frente a esta imagen erótica, debería pensar en la forma de describírsela a Bigo, sin olvidarme de la mención, detallada, de la escena en la cabina... a ésa la puedo inventar. Querido Bigo, muy a mi pesar, tengo que contentarme con recordarte, y no saborearte en persona. Para dicha tarea, he sido presentada con una zanahoria, dura, gruesa (hmmm, qué rico), y dos huevos, que esperan ser devorados. Debido a que los tres están untados con una salsa deliciosa (en verdad, es salsa golf; nada exótico), tomo primero uno de los huevos, lo abrazo con las dos manos, lo limpio y procedo a hacer lo mismo con el segundo. Cada uno en una mano, hasta verlos tan blancos como el plato antes de albergarlos. Le doy el mismo tratamiento a la zanahoria; pero, al terminar, no la ubico nuevamente en el plato. La inserto, lenta y placenteramente...

-No comiste nada, y no dejás comer a nadie. ¿Qué te resulta tan divertido?

Nicole les leyó la carta.

-Hay que terminarla. Déle, pues; yo le dicto.

"Mi amadísimo Bigots. Quisiera verlo mientras lee estas líneas; pero, lamentablemente, estoy con los ojos cerrados, y tratando de sacarme una verdura del..."

-No seas asquerosa. Hagamos una cosa: cada una escribe una parte y las juntamos.

Nicole se quedó arriba, e hizo sus deberes.

Estimadísimo Bigo:
Quisiera poder compartir contigo este momento, en el cual tengo, frente a mi persona, la comida que me brindaron las muy turras de mis amigas trolas. Como ellas iban a comerse mutuamente, Raquel, la chef del momento, optó por presentarme el menú, acorde a la actividad que, bajo mis narices, llevarían a cabo. Te lo describo..., al plato, no a las chicas... En forma de culo, ha untado una buena cantidad de salsa golf y, por encima de la salsa, ubicó dos huevos, cortados por la mitad, lo más paralelo que pudo; en el medio insertó una zanahoria de un tamaño descomunal. Después de tantos días sin verte, es imposible resistir el grosor de dicha delicia naranja, la cual ahora procedo a insertar...

-¡Bestia!, ¿qué hace con esa cosa?
-¿Cómo querés que lo describa si no lo hago?
-Sáquese eso de la oreja. Era para la ensalada.
Raquel escribía en la cabina.

Aprovechando que pudimos distraer a Nicole, Adriana y yo decidimos darnos un festín de despedida. Para la ocasión, nos despojamos de cuanta ropa teníamos encima; pero no te cuento más: los detalles los dejo a criterio de tu mujer.

Adriana esperó que Nicole terminara para dictarle su parte.

Mi amadísimo Bigo:
Es esencial que le presente la situación tal cual la veo. En este mismo momento usted está siendo reemplazado por...

-No pienso blanquear cosas irrelevantes.
-Escriba, que no estaba hablando del piloto.
-Bueno, seguí.

...decía que usted está siendo reemplazado, no por otro humano; eso, por lo que cuenta su queridísima mujercita, sería imposible...; lo hemos rebajado a tal punto que Nicole ya sonríe frente a un plato de comestibles de lo más insulsos. Considero de suma importancia que volvamos a nuestras casas cuanto antes. De lo contrario, ambos corremos peligro: usted, de perder a su mujer cuando ella perciba que un vegetal puede darle la satisfacción que tan alegremente le ha brindado usted hasta ahora... Y yo, de perder a una amiga; porque, si sigue tratando de insertarse la zanahoria en la oreja, lo va a lograr; y no escuchará el resto de lo que estoy dictando. Reciba mis cordiales saludos, el abrazo de mi adorada Raquel y, en persona, tendrá el mordisco de Nicky.

Leyeron una y otra vez el rejunte; editaron, agregaron, y sacaron, hasta coincidir en un texto que Nicole guardó, y prometió entregar a Bigo apenas llegara a Ezeiza. Fue en ese momento cuando tomaron conciencia de que se venía la despedida. Un día más, y tendrían que enfrentar la cotidianeidad, asumiendo los cambios.

Capítulo XV

Iannis caminaba por el peine cinco de la marina, en un club de San Isidro, donde, en otra época había tenido barco. Extrañaba la libertad de salir al agua de vez en cuando, y se proponía hacerlo nuevamente; pero no tenía claro qué tipo de navegación quería hacer. Corría regatas en barcos ajenos, cada tanto salía a pescar con otro grupo; pero extrañaba la independencia de sacarlo al agua en la modalidad que se le antojara, en el momento que se le antojara. Durante su último viaje al Caribe, había recordado momentos en los que izaba ambas velas, ponía el piloto automático, y se servía una taza de café, para disfrutarla mirando el horizonte. Los veleros de ese peine eran chicos, y poco cuidados; no tenía ganas de perder tiempo, descubriendo fallas en barcos usados. Paseó un rato, hasta que vio a dos hombres trabajando en un velero nuevo. Uno, arriba del mástil. Y el otro, sosteniendo la driza. Estaba muy bien equipado. Pidió permiso para pasar, y lo revisó de proa a popa. Antes de irse, les dejó un cheque. En un mes, tendría uno igual, nuevo, suyo. Ya había elegido el nombre. Continuaba trabajando con su avión, llevando ejecutivos de una ciudad a otra. Unas veces, por trabajo; otras, escondiendo romances de políticos y empresarios. Cobraba cada vez más, y no dejaba de sorprenderse con la demanda. Ocasionalmente había tenido que atrasar aterrizajes, porque le avisaban, de la torre de control, que a su pasajero lo esperaba la mujer en la pista. Ver a esos hombres, de cincuenta o sesenta años, haciendo el ridículo con mujeres, que podrían ser sus hijas, le causaba rechazo. Estaba encantado de portarse cada día mejor, de pasar horas leyendo a Saramago y a Camus. Cuando sus hijos lo visitaban, podía mirarlos a los ojos, inventarles historias, enseñarles a jugar ajedrez, recordarles cuánto los quería.

La separación no había sido tan fácil como la había supuesto. Más allá de las dificultades que implicaba vivir solo, tales como llenarse de ropa sucia y nadie que la lave, o volver a casa para encontrar que no hay comida ni para el desayuno, extrañaba no tener con quién compartir una copa de vino. En su relación con Lorena, después de la separación, había tratado de no contestar ninguna de las agresiones que había recibido. Sabía que esos reclamos tenían su justificación; pero también lo convencían de lo bien que había hecho en dejarla. De no ser porque compartía a los dos chicos, Iannis hubiera terminado el contacto desde el día en que había dejado de vivir bajo el mismo techo. Pero a ellos les debía mucho más. Por la forma en que se había ido, Lorena le había cerrado las puertas; y no le contestaba las llamadas. A los chicos les dijo que su padre los había querido; pero que se había tenido que ir a otro país a trabajar, y que allí no había teléfonos. Lo pudo sostener por pocos meses, hasta que Iannis había ido a visitarlos al colegio, y les había dicho que, esa misma noche, los invitaba a dormir a su casa nueva. Nico lo había mirado asustado.

-¿Cómo le avisamos a mamá?

-Qué idiota que sos, Nic -le señaló Santiago-, ¿no ves que papá compró otro celular?

Esa tarde había tenido el primer enfrentamiento con Lorena. Era otra persona. Delgada y arreglada, como pocas veces lo había estado de casada, se mostraba distante; y se había resistido a acordar nada sin tener un abogado presente.

-No podés descartar tantos años de vida así no más. ¿Sabés lo que ha sido consolar a tus hijos, explicarles por qué papá ya no duerme en casa?

-Les cambiaste la historia, la complicaste. Si te sirve culparme de todo y con eso te sentís mejor, no tengo problema; pero a los chicos sacalos del medio. Que lo nuestro no haya funcionado es ajeno a ellos.

-Para vos, no funcionó.

-Para vos, tampoco funcionaba. Pensalo bien, y te vas a dar cuenta... Le contabas a todo el mundo el desastre que era yo, que no hacía un montón de cosas. Delante de mí, o por detrás, la crítica era constante. Me pedías que cambiara, todo el tiempo. Sos inteligente, no encares esto como víctima. Acá las únicas víctimas, a las que hay que cuidar, son ellos.

Tuvo que soportar el portazo, pero sabía que el enojo no iba a durar. Ya habían hablado muchas veces acerca del descontento que mostraba ella por su actitud, por sus viajes, y por una infinidad de cosas más. Los reclamos habían sido demasiados. Iannis estaba seguro de que la madre de sus hijos estaría mejor sin él. Y acertó. Unas semanas más tarde, después de esa charla, recibió un llamado.

-Tenés razón. Debería haber planteado la separación yo primero. Juntémonos para ver cómo arreglamos el tema de los chicos.

Esa respuesta lo hizo recapacitar.

-Lorena...

-No, Iannis, conozco el tono. El duelo no lo hago dos veces.

En poco tiempo, Lorena había vuelto a enamorarse, lo cual les permitió tener una relación bastante más agradable. Iannis se alegraba de que fuera así, aún cuando él conservaba un vacío importante por dentro. No tenía apuro en taparlo; a menos que pudiera hacerlo con la persona apropiada. Por el momento, el barco lo iba a cubrir.

Capítulo XVI

La vuelta de Adriana a Colombia fue bastante más complicada de lo que se había imaginado. Antes de hablar nada, se conectó para *chatear* con Nicole.

-¿Está? Necesito hablar con usted.
-¡Hola, Adri! ¡Qué bueno que apareciste! Yo también estoy medio loca.
-Oiga, esta noche termino con Camila.
-¿Estás segura?
-Sí, y eso que se puso muy chusca para mi llegada. Pero no siento nada.
-¡Qué duro! ¿Cómo lo vas a hacer?
-No sé huevona. Para eso la llamo. ¿Qué le digo?
-La frase de siempre: no sos vos, soy yo. No quiero estar en pareja; si lo quisiera, estaría contigo.
-¡No sea ridícula! Nadie puede creerse esa pendejada.
-¿Y?
-Bueno, le cuento más tarde. Ahí viene a fregar la paciencia, ¡NO LA AGUANTO MÁS!

Al llegar al aeropuerto, la cara de Camila lo había dicho todo. La viajera permanecía en silencio; mientras, Camila sostenía un monólogo, que terminó de definir a la otra.

-Ya, no joda más. Deje de sobar con tanto cuento. Esto se terminó.

Terminó de decir eso, y su pareja irrumpió en un llanto que la desmoronó. El monólogo se convirtió en una súplica, y Adriana no pudo resistir la lástima. La abrazó y la consoló como si fuera a quedarse; pero eso duró hasta la mañana siguiente. Al verla durmiendo, quiso, como nunca, que fuera Raquel, y no esa persona la que, a su lado, mantenía la cabeza enterrada en un sueño. Tenía que interrumpirla, tenía que despertarla…, para despedirse de una vez. Se apuró a preparar las valijas, y algunas cajas. Pero eran unas cuantas cosas, y no pudo terminar antes de que apareciera. Camila le pidió que se ducharan juntas, que recordaran el momento en que se habían conocido, que no olvidara todo lo que había hecho por ella. ¿Será posible, pensaba Adriana, que tenga que soportar esta ridiculez? ¿Cómo no entiende que con esto estoy cada vez más contenta de dejarla?

-No lo haga más difícil de lo que es. Quedémonos con los recuerdos, y ya.

Sin decir más, cargó el auto y se fue a trabajar; volvería en otro momento a buscar el resto. Ése había sido su único error en la despedida. Nunca había podido recuperar la colección de compactos, ni los trofeos que ganara en voleibol, y en golf.

Nicole, ansiosa por saber cómo le había ido a su amiga, entró en el *Messenger*.

-Adri, ¿adónde te metiste? ¿Podés hablar?
-Ahora, no.

Y, claro, pensó, debe de estar mal por la ruptura… ¿habrá podido cortar? Se imaginó una película; pero, en realidad, Adriana no podía hablar porque tenía una reunión de directorio, en la cual iba a plantear a su hermano abrir una subsidiaria en Buenos Aires. Volvió a darle las noticias a su amiga.

-¡Quiubo! ¿Sigue ahí?
-Sí, sí. Se supone que estoy escribiendo, pero me distraigo con cualquier cosa.
-Así que ahora soy cualquier cosa.
-¡No, idiota! Contáme, cómo te fue con tu amada, como decís vos.
-Rompimos, y me quedé sin música. La muy jueputa se llevó todos mis CD's
-¡Qué desconsiderada! Dame el teléfono, que la insulto.
-No, espere…, oiga, ¿me puedo quedar en su casa unos días?
-¿Cuándo venís?
-¿Me está condicionando?
-¡UF! No seas densa.

-*El mes que viene. Dígale a bigoticos que se vaya de viaje; que usted y yo tenemos mucho de qué hablar.*
-*No problem, baby. Yo le aviso. Le digo que viene mi amante, y que quiero probar un rato con una mujer; que me deje, que no se meta.*
-*¿En serio quiere probar?*
-*No, nena. Quiero que vengas..., y Bigo también.*
-*¿Está ahí?*
-*No, de viaje.*
-*Cuénteme..., ¿está enamorada?*
-*¿De quién?*
-*¿Qué?, ¿hay más de uno?*
-*¡No! Bueno, apurate. ¿Por cuánto tiempo venís?*
-*Me voy a vivir.*
-*¿¿¿¿¿EH?????   ¡¡¡¡¡Qué   divertido!!!!!!!   ¿Por? ¡¡¡¡¡Contáme!!!*
-*Bueno, búsquese un departamentico para que pueda vivir cerca.*
-*Dale. Contame.*
-*Cuando esté más tranquila la llamo, ¿sí?*
-*¡AGH! Bue, mandame las fechas.*

Adriana y su hermano acordaron abrir una empresa similar en Argentina. El proceso decisivo fue bastante más aceitado de lo que esperaba. Los recursos creativos serían binacionales, al igual que los operativos; aunque en menor medida. En Bogotá, el equipo era excelente; contaban con años de entrenamiento, y dos de ellos mostraron interés en viajar para ayudarla a instalar la organización.

Los preparativos tomaron dos meses, no uno como planificara Adriana; pero pudo partir en buenos términos. Por lo menos, por ese lado. El problema seguía siendo Camila. Llamaba constantemente con amenazas y reclamos. Eligió ignorarlos.

Raquel y Nicole la estaban esperando en el aeropuerto. La primera, bastante más pálida que cuando se habían despedido en Miami; pero tan atractiva como siempre. Quizás más que antes.

¡Cómo me cuesta escribir sin bañarme! Pero no hay agua caliente. Qué frustración. Además, veo la foto de estas tres en

Ezeiza; y la palidez de Raquel es también un reflejo de lo limpia que está ella, y de lo sucia que estoy yo. Bueno, falta poco para que el agua caliente me solucione el problema. Les cuento que la foto, aparte de mostrar la higiene del trío, tiene algo muy particular. Hay una pareja, un tanto alejada, que juraría que también las está fotografiando. Ellas están apoyadas en el carrito, desbordante; con dos enormes valijas, y un bolso que se desparrama por ambos costados. Nicole está mirando directamente a la cámara; las otras dos tienen anteojos oscuros, y sus cabezas inclinadas, una hacia la otra; por lo que no veo hacia dónde dirigen sus miradas. Adriana tiene la mano cerca de la boca, en un gesto que se podría interpretar como que está mandando un beso. ¿Al fotógrafo? No parece.

Por un par de semanas, o hasta que definiera qué hacer, Adriana se quedaría en el departamento de Bigo y Nicole. Cuando llegaron del aeropuerto, él las esperaba con una botella de champagne.

-Era hora. Te costó, ¿eh?

-Oiga no se ponga a regañarme tan temprano. Nicole, no me diga que sigue sin domar a este caballero.

- Si te parece muy temprano, dejo el champagne para la noche. Y te equivocás. Tu amiga me tiene totalmente dominado.

-Usted tan humilde. ¿Quién dijo que era temprano para un champancito? Ábralo, pues.

Brindaron, tomaron un trago, y subieron las valijas; Bigo las observaba. ¿Cómo se iba a perder esta visita? Ni loco. Su mujer estaba encantada; inclusive había cambiado el acento y sonaba cada vez más colombiana. Era genial cómo se transformaba. No era la primera vez que cambiaba de tonada. Lo que resultaba extraño era que, últimamente, no era lo único que había cambiado. No podía entender bien de qué se trataba, y no lo dejaba muy tranquilo. ¿Estaría evaluando tener una relación con su amiga? Al volver del Caribe, le había comentado lo divertido que le había parecido ver a Raquel modificando su orientación. Le había dicho, también, que ella no tenía intenciones de seguir esos pasos; pero al verla subir las escaleras, riéndose casi en forma ridícula, Bigo dudaba de que su mujer supiera bien lo que quería.

-Raquel, ¿querés que te sirva algo?

-No, dejá; esperamos que bajen. Bigo…, nunca te agradecí, pero me encantó que no me juzgaras.

—¿Por? Cada uno es dueño de sus decisiones.

Bigo tenía el arte de hacer pensar a cualquiera. A Raquel no le quedó claro si aprobaba el cambio que había hecho. Hubiera preguntado, pero temía la respuesta.

—Vení, ayudame a traer las copas.

También tenía la habilidad de sacarle tensión al momento. Raquel lo siguió, encantada de haber cambiado el tema. ¿Por qué no bajaban las otras dos? Debería haberse ido a su casa, darle tiempo a Adriana para instalarse tranquila.

Las dos amiguitas no bajaban, pero se escuchaban las carcajadas. Arriba no existía ni la más mínima intención de cortar la charla.

—Oiga, cuente. ¿Cómo es eso de que está enamorada de otro?

—¿Por qué decís de otro? Siempre fue Bigotes.

—No sea cobarde, ¿qué le ha dado por contestar con preguntas? Antes era de lo más espontánea.

—Eso dice él. Que cambié. Pero en esto siempre fui constante. Siempre cambié; así que, en esencia, sigo igual.

—Uy, hermana, qué complicado lo suyo. Pobre bigoticos, ¿cómo se la aguanta?

—Che, Adri, ¿cómo me saco a tu ex de encima? Me manda mails, me pide datos...

—¿Quién, Camila? ¿No me diga que la está acosando? ¿Sabe que me pareció que había quedado un poco *diprest*? Dígale que no sabe nada, que no le escribo desde que nos volvimos de navegar; usted es la creativa, invéntese algo.

Nicole le comentó que llevaba tiempo respondiéndole a su ex pareja en forma ambigua. Le había dicho que no tenía noticias, que también ella la había notado algo cambiada, y que no habían logrado mantener la amistad.

—Pero escuchate esto. Hace unos días llamó a mi celular desde un teléfono argentino. Llamé al número que quedó registrado, pero me contestó alguien distinto; y me dijo que ahí no había ninguna Camila; ... ni ninguna colombiana. La idiota no tenía idea cómo mentir, porque yo había preguntado por Camila, y nunca había dicho nada de nacionalidades.

—Estamos fregadas. Se nos vino.

—¿Estamos? Te sigue a vos. Yo, a ésa, no le hice nada. Uy, pero esperá, se me ocurrió algo. La próxima vez, voy a escucharla; y le voy a decir que la noto algo tocada de las neuronas, y voy a solidarizarme con ella. Le voy a decir que también yo quedé dolida por tu desgarradora ingratitud. Le voy a contar que vos, Adriana Uribe, sos la más traicionera de todos los tiempos, y que me habías dicho que me amarías para siempre. Pero no lo voy a dejar ahí. Le voy a decir que, además, mi caso es peor. Que me tomé el trabajo de convertirme a lesbiana; y que, después del Caribe, nunca más me habías dado ni la hora. Entonces, habiendo terminado de narrar mi desgracia, le voy a dar una esperanza. Le cierro con que soy una persona práctica y que, antes de perder a Bigo, había conseguido una psiquiatra buenísima, que no sólo había logrado convertirme..., de vuelta..., sino que también había salvado mi matrimonio. Ella, Camila, que hasta ahora era todo oídos, y a quien yo he logrado convencer de mi dolor y aliarse a mi banda, va a acceder a la brillante sugerencia. ¡Una sesión con Raquel! ¿Qué tal? Imaginate. Ponemos un grabador, y tengo mi próxima novela.

-A usted nada le parece serio, ¿no? Casi me convence de su tragedia griega. Hablando de griegos, ¿qué cuenta Iannis?

-No lo vi más. En serio. Por un tiempo tuve que hacer un esfuerzo para no darme manija. Pero, con lo que tengo en casa, no fue difícil.

-Y yo me hice monja. Cuente, que no le digo a nadie.

-Ok, pero si Bigo se entera, me mata. Resulta que, justo el otro día me fui con Iannis, a tirarnos en paracaídas; es algo que hacemos todo el tiempo..., juntos, en el mismo arnés, apretaditos, volando por el aire. Bueno, todo bien; pero la última vez se complicó y decidimos no hacerlo más.

-¿Qué pasó?

-Estábamos tan calientes cuando nos subimos al avión que nos desnudamos, nos abrazamos, nos tiramos al piso, nos revolcamos como animales, y no tuvimos tiempo de ponernos el paracaídas. El piloto abrió la puerta desde la cabina y, en una de las revolcadas, nos caímos al vacío. Quedamos hechos puré sobre el techo de un camión. Un asco; pero la sangre que salpicó, no manchó nada de ropa. Lo que ves es una ilusión óptica. Yo, en verdad, estoy con Iannis, en el cielo. Mejor dicho, en una nube, esperando que nos dejen entrar; porque ahí arriba no veían con buenos ojos nuestra unión.

-Chistosa.

-Nunca más lo vi.

El teléfono sonaba hacía rato, y Bigo no tuvo más remedio que contestar.

-¿Piensan bajar o esperan que les subamos la bandeja? Nicole, ¿podés atender? Es para vos.

Bigo las quería a la vista. Esas dos daban la impresión de tener demasiados temas ocultos. Nicole tomó la llamada, y puso el altavoz.

-¿Me pasa con Adriana?

-No sé de qué hablás. Llamála vos, está en Bogotá.

-Imposible que esté en dos lugares a la vez. O si no, explique quién era la mujer que vi con usted, hoy, en Ezeiza.

Nicole tapó el teléfono y miró a su amiga.

-¡Está del tomate! Esto parece una película, ¿querés que le diga...? No, dejá, no contestes-. Y hablando nuevamente con Camila, siguió: -Camila, he estado pensando que te puedo ayudar. Yo también la fui a buscar, suponiendo que era ella; me avisó que venía y fui, como una idiota, al aeropuerto. Pero, no sé a qué distancia la viste; resultó ser una actriz doblando a nuestra amiguita querida. ¿Podés creer? La muy cobarde ni siquiera pone la cara.

-No me gusta que me tomen el pelo. Sólo quiero hablar con ella. Pásemela.

-Camila, escuchá un momento. No sos la única enamorada de Adriana. En el Caribe, cuando estuvimos juntas, me di cuenta de que la había extrañado mucho, y que sentía por ella un amor distinto. Se lo declaré, y quedó trastornada. Me insistió que siguiéramos siendo amigas, que ella te quería a vos, pero no quise oír esas palabras... amenacé con suicidarme... Se puso tan mal, que consiguió el número de una psiquiatra. Una genia; me sacó del pozo. Si estás en Buenos Aires, antes de volver a Colombia, te sugiero que la llames. Anotá, cuatro, ocho...

Camila colgó el auricular. Por el ruido, se diría que lo tiró contra una pared.

Bigo, en un tono grave, les habló desde la puerta.

-Se van a arrepentir.

-Ay, gordito, no seas dramático. ¿Cómo querés que trate a una mujer así? Es imposible razonar.

-Vos seguí jugando-. Y, más serio aún, dijo -Abajo quedó Raquel con la picada. Me voy a trabajar.

En el living, las tres mujeres recordaban los días arriba del *Navenganz* con un dejo de nostalgia. Cómo les había cambiado la vida desde entonces. Durante los meses posteriores a la vuelta, cada una había tenido que adaptarse a lo que las rodeaba, porque lo veían desde una perspectiva diferente. ¿Qué pasaría, se preguntaban, si pudieran vivir siempre bajo una fantasía similar? Adriana era la única que lo veía factible, de no ser por su necesidad de trabajar. No tanto por el dinero, simplemente porque trabajar la mantenía viva. Raquel sabía que era imposible desentenderse de sus hijos; ahora, más que nunca, necesitaba comunicarse con ellos. Le era difícil, pero se los debía. Ellos la miraban distantes; los tres estaban haciendo terapia, juntos, y también en forma individual. No habían dejado de lado sus estudios, mostraban una gran madurez con respecto a sus propias vidas; pero ella era consciente de que, con el tiempo, vería las secuelas de su propio comportamiento.

Adriana no era ajena al sufrimiento que le había causado.

-No se preocupe, no tiene que presentarme mañana. Tengo mucho trabajo, y puedo quedarme acá un tiempo. Siempre que Nicole y su maridito no me echen.

-Bigo no tiene problema, y yo tampoco.

-Arregle lo de Camila porque, si no, nos mata.

-Lo arreglamos juntas. Igual, a Bigo lo que más le preocupa es su relación con Tiburcio. Son muy amigos. Pero viste que los hombres en eso son prácticos, y ni hablan del tema. Por ahora el otro no tiene idea de que estás acá…, ni sé que haría.

-Nada. No puede hacer nada. Si se quedó solo, es porque eligió mal. Parece que la otra lo volvió loco con tener un hijo, con mil cosas más, y lo hartó. Ahora quiere volver, y supone que lo mío fue sólo por reacción. Puede ser…

La cara de Adriana se transformó en una piedra.

-Puede ser, ¿qué?

-Que yo no hubiera cambiado, de no ser por su infidelidad.

-¿Y eso desde cuando lo piensa? Me tengo que ir. Hablamos más tarde.

Adriana salió de manera abrupta a la calle, y Nicole fue atrás de ella.

-Adri, pará un minuto. ¿Adónde vas?

-No tengo idea.

-Ah, ok. Vamos juntas. ¿En auto o caminando?

-No se haga la graciosa.

-A ver Uribe… Yo en ésta no tengo nada que ver. Te acompaño si le ponés un poco de onda. Y te pregunto porque, uno: si querés ir caminando, tengo que volver a ponerme zapatos…; y dos: si querés ir en auto, tengo que buscar las llaves.

-¿Qué hace descalza?

Entraron en un café a dos cuadras del departamento de Nicole, y Adriana le pidió que se sentaran lejos de la entrada.

-No quiero que vean sus pezuñas.

-Además de convertirme en psiquiatra, querés que me vista.

-No me hable de psiquiatras.

Cambiaron de tema, y se dedicaron a organizar la búsqueda del lugar en el cual armarían la oficina. Con la venida de Adriana, la uruguaya había decidido dejar el mundo corporativo y dedicarse a trabajar por su cuenta. Se brindaría como consultora para tener un ingreso, pero su principal intención era hacerse espacios de tiempo, cada vez más largos, para escribir. Adriana necesitaba un par de salas de reunión, una oficina, un espacio abierto para algunos escritorios, y un lugar de recepción. Nicole dijo que ella sólo necesitaba una oficina. Compartirían los gastos de la secretaria; y, en partes correspondientes, los gastos de infraestructura. El lugar debía ser una casa antigua, con techos altos, mucha madera; y, algo en lo cual no darían el brazo a torcer: tenía que estar cerca del río. Pidieron un diario, anotaron varios teléfonos de inmobiliarias. Nicole le comentó acerca de Buenos Aires, qué lugares estaban mejor ubicados. Adriana preguntó cómo podría conseguir una buena base de datos de empresas y contactos. Avanzaban entusiasmadas y con determinación. Como segundo paso, hicieron números. La inversión inicial era importante, pero el ingreso que proyectaron ayudaría a recuperar gran parte en dos años.

-Si no te gusta Argentina, estamos muertas.

-Y si no conseguimos clientes, vamos a ser muy pobres. No sé qué es peor. Oiga, ¿volvemos a su casa? Me quiero bañar.

A la vuelta, las esperaban decenas de mensajes. Había dos llamados del hermano de Adriana, preguntando cómo había llegado; uno de Bigo, confirmando los planes de esa noche; varios de una mujer que no quiso decir quién era; y uno de Raquel. Ese era simplemente un "dígales que llamé, nada más." Elba, la señora que les dio los mensajes, trabajaba con Nicole desde hacía quince años.

Estaba siempre de buen humor y conocía al matrimonio mejor de lo que ellos se conocían a sí mismos. Nicole le preguntó acerca de los llamados anónimos.

-Señora, no sabe cómo se ponía. Me dijo que yo quién era, que por qué no le pasaba con usted. Y después colgaba.

-Perdone, Elba. Cuando llame de vuelta, pásemela. Debe de ser la pelirroja, la novia del señor.

Esa tarde, cuando llegó Bigo, Nicole escuchó que Elba le decía a Bigo:

-Señor, todavía no me presentó a mi nueva patrona, la pelirroja.

-¡Elba!, ¿cómo pregunta eso? Si el señor se va con otra...

-Yo me voy con el señor.

-No hablo más con usted. Y, Bigo; si necesitás algo, pedíselo vos. Se van los dos al diablo. Juntos..., y llévense a la colorada.

Sonó el timbre, y Nicole fue a abrir.

Eran dos personas. Una mujer que le parecía conocida, aunque no se acordaba en dónde la había visto antes; y un señor muy llamativo, que saludó primero. Su tono y su sonrisa eran agradable; y su acento, indiscutiblemente colombiano.

-Buenas tardes, disculpen la frescura; pero creo que mi prima se está quedando acá, y queríamos saludarla. Espero no se molesten.

Bigo se acercó, menos sonriente que la visita, y tomó a su mujer por el brazo. Al mismo tiempo que Nicole abría la boca para decirles que pasaran, que no era problema, él respondió:

-Tiene razón, es una frescura, y sí nos molestan. Pueden dejar el número, y los llamamos en otro momento. Elba, ¿podría acompañarlos hasta abajo y anotar el teléfono de estos señores? Gracias -y, dirigiéndose a la pareja de intrusos, antes de cerrar la puerta, dijo:

-Buenas tardes.

Nicole quedó muda, y Bigo le dijo que estaba loca de dejar pasar a cualquiera. Ella le argumentó que no eran desconocidos, que estaban obviamente relacionados con su amiga, y que no entendía cuál era el problema de dejarlos pasar. Su curiosidad era enorme. ¿Ése era el tal José María?

-Bigo, no entendés. Seguro que era el primo que le robó la empresa a Adriana, ¿no te divertía?

-¿Qué le ves de divertido? Por el cuento de tu amiga, no es una persona que me genere ningún interés. Además, qué sabés si ella quiere verlo. Contáme qué hicieron hoy.

La noticia sorprendió a Adriana. No esperaba a nadie; y, por la descripción, era el mismo primo al cual había jurado no ver más. Quien lo acompañaba, no cabía duda alguna, era Camila.

Hay una anotación adonde Bigo resume su punto de vista con respecto a la huésped, a su mujer y demás adicionales.

Quien les escribe, marido de la aspirante a escritora, amateur como tal, reconoce estar en un desconcierto no menor. Convivo, en este momento, con tres mujeres. Una, a quien descubro día a día. No siempre son sorpresas positivas; pero, sin duda alguna, consigue entretenerme con cada faceta. La otra, huésped momentáneo, de fuerte personalidad y cuestionable tendencia sexual. Y queda por mencionar Elba, una mujer simpática, sin complicaciones, callada, a quien todos queremos; pero de quien no logramos entender si va a poder digerir los hechos acontecidos; ni hablar de la forma en que vaya a reaccionar cuando se entere de que la recién llegada tiene como pareja a una amiga de la familia.

Mientras leo e interpreto estas líneas, escucho *Más Allá*, una canción del grupo La Ley, y siento ganas de ir a nadar. No sé por qué, la letra no tiene nada que ver. Nado un rato y vuelvo; a ver si logro contar, en forma coherente, qué hacen José María y Camila juntos en Buenos Aires. Terminó la canción..., me voy al agua.

Adriana y Nicole tomaron el consejo de Bigo, y llamaron a José María. Estaban en un hotel. El había viajado por curiosidad. Le pidió a su prima que entendiera, que no todos los días se da la oportunidad de presenciar una escena como la que él imaginaba: el encuentro de ella con su ex. Se reunieron en el lobby del hotel, los cinco. Bigo tardó en aceptar la invitación, pero Nicole se dio cuenta de que tampoco se lo iba a perder.

-¿Venís? Yo no puedo mediar y observar al mismo tiempo. Menos, mantenerme seria.

-¿Qué te hace pensar que yo sí?

-Te conozco. Y te morís de ganas. Dale, por favor.

-Me encanta que me ruegues.

-Oigan, pueden dejar las cochinadas para más tarde. Estamos frente a una situación de lo más delicada.

Sonrieron ante los nervios de su huésped. Salieron contentos, haciendo parodias de lo que pasaría. Cada uno predecía, a su manera, la reacción de Camila; especulaban con el momento en el que se largaría a llorar. Cuando llegaron, la extraña pareja los recibió como si fueran amigos de mucho tiempo. José María era encantador. Fue muy respetuoso con Bigo. Nuevamente le pidió disculpas por el atrevimiento unas horas atrás, y él le dio una palmada en el hombro.

-No te preocupes; una vez más, y llamo a la policía.

Nicole, divertida y nerviosa. Concentrada en observar a Camila. Le costaba verla sin imaginársela con su amiga, en la cama. Si, por ejemplo, veía un hombre gordo con una mujer flaquita, hacía lo mismo. También imaginaba cómo serían las personas haciendo sus necesidades. Imposible evitarlo. Prefería pensar en Camila besando a Adriana y no, sonándose los mocos.

Camila se frotaba las manos, cruzaba las piernas, sus ojos iban de un lado a otro. Tal como lo hiciera José María, se disculpó con la uruguaya.

-Estuve un poco densa, espero que entienda.

-No quisiera estar en tu lugar. No lo digo porque sos…

La patada de Bigo le dolió, y mucho. Qué cosa. Después de haber estado casados tantos años, seguía haciendo lo mismo. Nicole le había pedido que dejara de decirle lo desubicada que era con algunos comentarios; ahora, en cambio, le había mandado otra señal. Recordaba la conversación,

-No me lo digas después de que lo hice. Dame una señal en el momento.

-¿Con eso me estás diciendo que no pensás corregir el problema?

-No estoy tan segura de que lo sea. Y, si lo es, no sé si lo quiero corregir. Creo que exagerás, pero hacé como con los perros…, castigame en el momento, no después. Así puedo ver la cara de los otros. Después te digo si fue tan raro lo que dije.

Nicole reaccionó.

-Perdón, Camila, pero me acaban de hacer un agujero en la pierna por querer decirte lesbiana-. Ignoró el segundo golpe de Bigo, y continuó: -¿Lo tomaste mal? Si sabés que soy íntima de Adriana, y no me importa nada.

-Fue muy directa. Se lo agradezco.

Adriana quería irse al diablo. Le agradecía al matrimonio anfitrión la rotura de hielo, pero tenía en frente a dos personas que no le agradaban. A uno, lo envenenaría; y a la otra, la mataría por idiota. ¿Cómo no se daba cuenta del ridículo que estaba haciendo? Nicole salió al rescate.

-Hablemos del tema de una vez. Este daiquiri tiene demasiado alcohol, yo ya estoy para el análisis de la situación.

-Prima, cómo no me dijo que tenía una amiga tan bonita.

Bigo reaccionó con la misma diplomacia con la que lo había echado del departamento.

-Ojo, que el whisky no perdona cualquier cosa.

-Lo felicito a usted también. Se nota que tiene muy buen gusto.

Ignorándolo, Bigo le preguntó a Camila por su viaje, si había sido largo, cómo le habían llegado las valijas, qué tal le había parecido el hotel.

-¿Hasta ahora, entonces, el viaje es lo que esperabas? Va todo sobre ruedas. No te conozco, pero diría que no es de placer, ¿me equivoco?

Es un genio, pensó Nicole. Camila tomó la indirecta.

-No, pues, no lo es.

Adriana esquivó la mirada de su ex pareja, pero no pudo evitar el reproche.

-Dígame, ¿no piensa explicarme nada?

Bigo invitó a Nicole y a José María para que lo acompañaran a ver una exposición anunciada en el lobby del hotel. De un pintor argentino que vivía ahora en el exterior. No era de las pinturas que más le agradaban, pero tenía curiosidad; y le parecía apropiado dejar que las dos mujeres hablaran tranquilas. Adriana no tuvo más remedio que enfrentar lo que le viniera.

Mientras se alejaban, Nicole pudo ver cómo su amiga se recostaba contra el respaldo del sillón. Había cruzado los brazos y las piernas. No fue ella quien empezó el dialogo. Quizás pueda aclararse algo, pensó. A ver si… ¡uy!, ¡me olvidé de Raquel! Abrió su celular, y Bigo la fulminó con la mirada.

-¿A quién llamás? ¿Tenés que hacerlo ahora?

-Es que nos fuimos de casa, y la dejamos a Raquel…

-¿En terapia intensiva?
-Ta. La llamo más tarde.

Bigo, su mujer y el primo de Adriana recorrieron la exposición, sin mucho interés, conversando acerca del clima, del tránsito, comparando Bogotá con Buenos Aires. De haber estado sola, Nicole le hubiera sacado el tema del negocio con su amiga; pero respetaba la diplomacia de su marido, y consideraba que era mejor adoptarla por un rato. A su regreso, no encontraron a Camila ni a Adriana. José María se ofreció para ir a buscarlas arriba, y Nicole no pudo resistir. Mandó un mensaje al celular de Adriana.

-¿Tas haciendo intercambio de lenguas? Ojo, que sube tu primo.
-¡Venga ud. que ya no sé qué hacer! ¡No para de llorar!

Tuvo tiempo de atajar a José María. Arriba, la escena era tal cual se la imaginaba. Camila tenía los ojos hinchados, y un puchero para fotografiar. Pobre mujer, pensó Nicole, debería darme lástima.

-Adri, nos tenemos que ir. Bigo se levanta tempranísimo mañana.

-Todo sea por su marido. Camila, mi amor, no se ponga así. Mañana hablamos, ¿sí?

Camila asintió, y las dos salieron, empujándose, antes de que pudiera emitir palabra.

En el ascensor, Nicole hubiera hecho alguna broma, pero fue disuadida por la cara de su amiga.

-¿Estaba muy mal, no? Qué duro, pobre.

- Me dijo que está tomando pastillas para la depresión. Usted no se haga la compasiva. No le cree ni su mamá.

La Camila iba a terminar en terapia intensiva. Bigo no estaba tan equivocado. Nicole no podía entender que alguien fuera tan denso. Claro, viéndolo de afuera, era fácil. Le dijo a su amiga que tenía que llamar a Raquel. Adriana le contestó que no pensaba molestar a una psiquiatra con dudas existenciales; y, más: que no tenía tiempo de hacerlo. Ella se iba a quedar en Argentina, ya había tomado la decisión, y si Raquel no estaba segura, lo haría sin ella. Le dolía, pero sabía que no se equivocaba.

Los días que siguieron fueron muy ocupados para ambas. Nicole renunció a su trabajo. Después de tantos años, no le era indiferente la decisión. Se llevaba muy bien con la mayoría de sus compañeros.

Los consideraba amigos, y sabía que la relación cambiaría. Además, tenía poca disciplina con los horarios. Iba a ser un cambio importante. No existiría más la obligación de levantarse a la mañana para llegar a algún lado porque estaba impuesto por tal o cual organización. Lo tendría que generar ella. Eso iba a ser, quizás, el mayor desafío. Uno de los aspectos que le divertía de la vida nueva era la expectativa de compartir momentos con su amiga colombiana en una ciudad llena de porteños. Por ahora, el distanciamiento con Raquel la favorecía. No quería ser egoísta, aunque era tarde para cambiar; pero le encantaba tenerla para ella sola por un tiempo. Compartirla con Bigo era otro tema, porque le gustaba la relación que tenían los tres. Y las charlas a la noche eran variadas e interesantes. Adriana admiraba a su marido y él, por su lado, parecía bastante intrigado por la vida que llevaba. Al cabo de unos pocos días, después de recorrer casas para la oficina, encontraron el lugar. Quedaba en las afueras de la ciudad, en Martínez, un barrio residencial. Ubicada sobre una barranca, la casa estaba bastante venida a menos. De estilo inglés, con dos plantas y un altillo, conectados por una escalera de madera que, según Adriana, si únicamente compraban la escalera, ya la inversión valía la pena. Era de una madera gruesa, lustrada en un tono oscuro, con una baranda tallada de manera artesanal; había otra similar. El altillo era chico. Las ventanas, al igual que en el resto de la casa, estaban construidas con marcos de lapacho y hojas de cedro; los herrajes, de bronce. Perfecto para lo que buscaba Nicole. Una *boisserie* cubría las paredes. También hecha en cedro. Y el piso, todo de roble de eslabona. La vista al río, desde el altillo, era exactamente lo que justificaba la inversión para Nicole.

Los salones de la planta baja no eran tan grandes como hubieran esperado; pero, con algunas modificaciones, quedarían cómodos.

-¿Pueden hacer los números, señoritas?

Bigo seguía de cerca las conversaciones, y cada tanto las bajaba a tierra. Les había recomendado un contador para que se ordenaran desde un principio. Ellas le habían pedido que negociara la compra.

Raquel esperaba que Adriana llamara en algún momento; sin embargo, era consciente de que sería ella quien se acercaría primero. Igualmente, no dejaba de tener una mínima esperanza de que no fuera así. -Después de todo- había comentado -la duda de Tiburcio, no era tan grave. Ella, con este impasse, había recapacitado; y tenía claro que quería a Adriana. Dejó de dar vueltas y llamó.

-Nicole, ¿le preguntás si va a estar? La quiero visitar.

-Ni pregunto. Veníte.

-Bigo, ¿te das cuenta de la novela que se armó? Camila sigue llorando en el hotel, Raquel da muestras de solidez; y Adriana, nuestra huésped, es la mujer más deseada de Buenos Aires.

-No te das una idea de lo que me piden conocerla en la cancillería.

-¿Qué les dijo? Me voy a tener que ir del país.

-No dije mucho. Pero saben que en mi casa hay dos mujeres; y, como les cuento que en vez de romperme la paciencia, se enroscan entre ellas; están todos curiosos por saber qué clase de bicho raro sos.

Adriana abrió, y se detuvo un instante para mirar a Raquel; la sonrisa, tímida y tierna, la desarmó. Le tomó la cara con las manos, acarició sus mejillas y la besó, firme, también con ternura, sin soltarla. Bigo no disimuló su agrado.

-¿Próximo viaje al Caribe, me invitan?

Nicole lo invitó a subir.

-Mantené esa imagen, y seguime.

Su marido comentó que le parecía mala educación dejar a las visitas abajo. Si Nicole quería, y sólo porque lo dictaban sus buenos modales, podían invitar a las visitas a juntarse con ellos.

-Están enamoradas, no calientes. Ni locas las convencés.

Una vez arriba, Bigo cerró la puerta del dormitorio, y corrió el sofá para quedar frente al espejo, alargado, que decoraba la esquina de la suite. Él la observaría, mientras ella le mostraba cuánto lo quería.

-¿Quién te dijo que te quería?

-Mejor, así puedo usarte sin remordimiento. Empezá a sacarte cosas. No, los zapatos, no; ésos dejálos. La camisa. Botón por botón, y no bajes la mirada. Abríte de piernas un poquito… Ahí.

Erguida frente a su marido, vistiendo zapatos de taco alto, una pollera tubo, ajustada hasta las rodillas, la camisa abierta, el corpiño de encaje con broche delantero, y consciente de que la espalda también estaba a la vista, Nicole sintió que sus pechos endurecían. Se dio vuelta, a pedido de Bigo, y pudo ver en el espejo que él se acercaba.

-Quedate quieta.

Parado detrás de ella, la rodeó con los brazos. Con sus manos, desabrochó el corpiño, la acarició y, sin dejar de tocarla, le levantó la pollera, apenas lo suficiente como para despojarla de su ropa interior. Sin titubear, le sacó la camisa y, acto seguido, el corpiño. Acarició su cintura, e insertó sus manos en la pollera. Nicole trató de girar para enfrentarlo, pero él la detuvo.

-Aquí quien controla, soy yo.

Ambos, de costado al espejo, con Nicole inclinada hacia delante, sosteniéndose del respaldo del sillón, alcanzaron un ritmo agitado, hasta quedar agotados, sin dejar de mirarse.

-¿Ahora con qué cara bajamos?

En el living encontraron una escena bastante más civilizada. Sosteniendo sendas copas de champagne, Raquel y Adriana esperaban a sus anfitriones para brindar. Por lo que fuera, hay que brindar y listo, como dice Nicole.

Hace días que busco, y no encuentro, la nota de Nicole con respecto al destino final de Camila y José María. Leí en algún lado algo que decía: *"la ida de Camila fue una bendición para todos"*, o algo por el estilo. Por lo que seguía, ese papel, parecería que..., acá está. A ver si puedo seguir..., porque venía medio trabada con el tema. La letra es un poco desprolija, y está escrita por ambas: Nicole y Adriana. El primer párrafo es de la colombiana.

Dejo asentado mi sino en las siguiente palabras. Quien se enamore de mí, sufrirá como condenado. Primero, Ricardo; y ahora, Camila. Podríamos aventurarnos a conjeturar que sobrevivirán, únicamente, aquéllos de quienes yo me enamore. Porque Andrés sigue dando vueltas por Washington; y Raquel, la última vez que la vi, estaba fresca como una lechuga. (Adriana)

La escritora anterior, mi amiga del alma, "trolenguis", dice que yo no tengo corazón; pero pueden leer, en su reflexión, el egoísmo y la frialdad con la que encara una tragedia como la muerte de sus amantes. Hoy recibió un llamado de su primo, en el que le contaba que Camila había decidido poner fin a su vida, y que le había dejado una nota. Se la va a mandar, pero ella dice que no piensa leerla. En cuanto llegue, obviamente la que la va a abrir soy yo...; no me pierdo ese material por nada. (Nicole)

Después de estar unas semanas en Buenos Aires, y al ver que Adriana no pensaba dar marcha atrás con su decisión de terminar, Camila le había pedido a José María, volver cuanto antes a Bogotá. Él había llamado a Nicole para pedirle que mediara, que le pidiera a su prima que recapacitara.

-¿Por qué te interesa tanto que lo haga?

-Le tengo cariño a Camila. La conozco desde muy chiquitica, y creo que mi prima le rompió únicamente para no verme más. Además, me encantaba poder verlas besuqueándose en los recitales.

-Tremendo tu ego, José María. Adriana nunca te mencionó a vos cuando hablaba de Camila. Está muy enamorada de Raquel. Yo no la conocí con Camila; pero no la vi nunca como está ahora.

-Usted qué sabe, si no la ve desde hace tiempo.

Qué tipo detestable, pensó Nicole. La conversación no había durado mucho más, y tampoco iba a solucionar nada. Evitó hablar con Camila durante los días siguientes. No contestó ninguno de sus mensajes; y sintió un poco de culpa con la noticia de su muerte. Pero no por mucho tiempo; era claro que ella no podía, ni hubiera querido, hacer nada.

El proyecto que tenían con Adriana fue tomando forma. Unos meses después de su llegada, Adriana había alquilado un departamento adonde, más de una vez, invitaba a Raquel a pasar la noche. Ésta aprovechaba los fines de semana, en que sus hijos se iban con Tiburcio, y se dedicaba de lleno a descansar y disfrutar de un amor que la renovaba. La primera noche que accedió a quedarse fue una semana después de que se colocaran los muebles suficientes para no tener que dormir en el piso, ni comer arriba de un almohadón.

Adriana la había llamado un viernes a la noche y le había dicho que la esperaba a las diez de la mañana del día siguiente.

-Tráigase unas medias lunas y un litro de leche. Yo me encargo del resto. Usted no se preocupe.

El departamento quedaba en planta baja, algo que le vino bien a Raquel, porque todavía le daba vergüenza que la vieran en su nueva vida. El jardín, chico, estaba poblado de una gran cantidad de plantas, escalonadas y de todo tipo. Había también árboles de un tamaño digno de un campo. Todo, en conjunto, daba la impresión de estar lejos de la ciudad. En uno de los descansos del jardín, se escondía un *jacuzzi*, preparado, por su nueva inquilina, con un deck de madera, sobre el cual había puesto un balde con hielo, champagne, dos copas y una tabla para las medias lunas.

-¿Y para qué pediste la leche?

-Porque mañana le voy a preparar un café delicioso. Déjala en la nevera; y venga, que le hago unos masajes.

Entraron al jacuzzi sin ropa y sin intención de descansar. Adriana tomó la mano de la psiquiatra y la besó, mientras se acariciaban bajo el agua caliente. Raquel besó los pechos erguidos de su amiga, y le pidió que se sentara sobre el borde para poder besarla entera. Adriana accedió, mientras sentía las manos de su compañera deslizarse desde las rodillas, suavemente por el costado interno de los muslos, hasta rozarla en lo más íntimo. Cerró los ojos y tomó un rol más pasivo que el de costumbre. Disfrutó cada instante, cada caricia.

Raquel, con el pelo mojado, las mejillas de un color rosado intenso, sus ojos negros, y la sonrisa tan blanca como la piel, era exactamente lo que la colombiana quería ver; y sentir. Esos labios la besaban, húmedos, tiernos... En poco tiempo, el calor del agua, sumado al de sus cuerpos, logró que ardieran y que, luego, quedaran sedadas.

En diez meses, Adriana y Nicole terminaron las reformas, y la casa inglesa se convirtió en empresa. Nicole había dejado su puesto anterior mientras finalizaba la obra, y ya había conseguido un par de clientes, en algo distinto a lo que había imaginado. Armó un negocio de consultoría para empresas chicas, con talleres de negociación y de trabajo en equipo. Esto, en conjunto con los clientes de Adriana, algunos de los cuales la conocían por su trabajo en Colombia, no era el volumen que esperaban, pero sí un comienzo bastante sólido para solventar gran parte de los gastos en los que habían incurrido.

Hay varias fotos de la casa. Muchas, tomadas desde lo que parecería ser la galería, con la barranca al río, y atardeceres dignos de postal. En algunas se puede ver la placa de bronce, ubicada en la puerta de madera de la entrada, con el logo de la empresa: un triangulo de líneas curvas, inclinado hacia la derecha, y con el nombre de la empresa grabado debajo: *Navenganz*. Otras fotos del interior muestran cuadros muy coloridos, de veleros corriendo regatas. En una nota Nicole comentaba que no habían dudado en tapizar la oficina con las pinturas de Michaela, después de haberlas visto durante un viaje a Punta del Este. Escribe acerca de estas pinturas.

Tienen una fuerza, y un dinamismo que, difícilmente, nos permita aflojar; aún en los días en los que el ánimo…, nos amenace con pesimismo.

Capítulo XVII

Era medianoche, y Nicole y Bigo celebraban su aniversario. Habían decidido inaugurar el vigésimo primer año con una botella de vino, en el dormitorio. A ella le parecía raro no haber tenido que hacer valijas; pero igualmente, estaba preparada. Fue al vestidor, y cerró la puerta. Se puso la ropa interior que había comprado: un conjunto de encaje, con portaligas. Disimuló el atuendo con una camisa de algodón de Bigo. Agregó un par de zapatos con tacos altos, y salió sonriente. Él la esperaba, vestido de traje.

-Ah, no. Así no te llevo a ningún lado.
-No quiero salir. Tengo frío.
-Vení que te levanto la temperatura. Mostrame lo que te compraste.

A la mañana siguiente se despertaron temprano, y Nicole se acercó para acariciarlo. Bigo la alejó. Le dijo que estaba cansado de la noche anterior, que se estaba poniendo viejo para tanta intimidad.

-Vestite. Tengo reservada una mesa para desayunar mirando el río, como te gusta a vos.

Llegaron al Yacht Club Argentino, del cual, hasta ese momento, no eran socios.

-¿Ése es el regalo? ¡Me hiciste socia! Puedo usar los barcos de este club; y vendo el mío, que a vos no te gusta, y...

- Sos socia desde hace una semana; pero si no te callás, te van a echar.

Bigo la llevó hasta el muelle, y pidió al hombre de la lancha que los llevara al barco de Jorge Peña, un chico que trabajaba para él. A medida que se acercaban a la popa, la mirada de Bigo, y el nombre escrito en el espejo, consiguieron que los ojos de Nicole brillaran, y hasta derramaran un par de lágrimas.

-Podés decir algo si querés. ¿O vas a...?

Nicole le saltó encima, y lo cubrió de besos.

-Esperá un poquito. Todavía me tenés que preparar la ensalada de frutas.

Nicole no salía de su asombro. Estaba parada en el *cockpit* del flamante *Moi Aussi*, un Beneteau de treinta y siete pies, su nuevo compañero de historias.

Otra vez con vino en las venas y una picada de jamón crudo, queso, y galletitas. Estoy en mi nuevo lugar de escritura, junto al silencio de un living espectacular, rodeada de árboles, sintiendo curiosidad por las vidas de los personajes a quienes ya considero amigos. Lo que me tiene en vilo es la sensación con la que se han quedado los hijos de Raquel. Bueno, sigamos.

Sentada en su consultorio, la psiquiatra repasaba la historia clínica de un hombre a quien todavía no había conocido, pero que en unas horas vendría a verla por primera vez. Era curioso. Cincuenta y pocos años, saludable, según leía; pero ansioso por resolver un tema que lo desvelaba y que, últimamente, lo paralizaba. No podía funcionar. No aclaraba cuál era el problema. Había visto a dos psicólogos, sin resultados. Raquel se fue a almorzar, y volvió unos minutos antes de las tres. Por alguna razón, le intrigaba conocer la cara de este paciente, quien se negó a dar nombre alguno cuando pidió turno. La puerta se abrió, y ambos sonrieron.

-¡Iannis!

-¿Vos sos la doctora Echegaray? ¿Ahora qué hacemos?

-Tu opción: podemos charlar como conocidos, o me tenés de psiquiatra.

-Imposible tomar la segunda alternativa. Mi problema tiene nombre, y es amiga tuya.

-Sentáte. Olvidáte de la terapia. Nicole está navegando con el marido, celebrando su aniversario número veintiuno. ¿Era eso lo que te traía acá?

Iannis enmudeció. Al cabo de unos minutos, confesó estar obsesionado con la uruguaya. En un principio, después de la separación, se había convencido de que todo se debía a que no quería más a Lorena, y que lo de Nicole era únicamente una excusa. Pero, a medida que pasaba el tiempo, sus ganas de verla, de retomar adonde habían dejado, eran cada vez más grandes.

-La siento..., sé que suena cursi, pero es como si compartiera con ella cada momento que pasa..., no puedo creer que no sienta lo mismo.

-No lo sé. Pero no podés quebrar dos matrimonios. Ella no habla de vos... Contame qué estás haciendo ahora.

Iannis habló acerca de su nueva vida, de la relación que podía sostener, cada vez mejor, con Lorena; habló también de sus hijos, y del velero nuevo. Raquel se quedó callada. No entendía mucho de náutica; pero, por la descripción y por el tipo de barco, se había comprado algo muy parecido al que Bigo le acababa de regalar a su mujer.

No tiene nada que ver, es solo una coincidencia..., pero nunca creí en ellas.

El *Moi Aussi* se deslizaba por el Río de la Plata, como si ya lo conociera.
-Vamos, Nic, no me digas que no sabés cómo llegar.
-¿En serio estás dispuesto a semejante viaje?

Después del desayuno, Bigo le había pedido a su mujer que salieran a navegar, que tenían que probarlo. En la boya diecinueve, muy cerca del club, Nicole se preparó para volver; pero él le había dicho que siguiera. El río estaba bastante picado, y Nicole dudó.
-¿Qué pensás? ¿Seguimos, o no tenés el coraje?
-Me dijiste que te dolía la espalda después de navegar unas horas.
-Nunca me invitaste a navegar en algo como la gente.
-Y el agua marrón, ¿no te importa?
-Dejá de poner excusas. Si no te animás, volvemos.

El reto la entusiasmó. Llamó al pronóstico meteorológico, después al de mareas, y siguió camino. Él no iba a tocar ni un control. Tampoco pensaba cocinar ni lavar platos; simplemente disfrutaría mirando a su mujer, leyendo, o durmiendo una siesta. El barco y su nueva dueña se entendieron de inmediato. Al tripulante que llevaban, o más bien al pasajero, le darían un respiro. Ellos se encargarían de enfrentar lo que apareciera. Una vez que pasaron la boya del canal Mitre, y sin barcos a la vista, Nicole fijó el rumbo a noventa grados, y bajó a preparar el almuerzo. Bigo se había encargado también de aprovisionar el Beneteau. Nicole, encantada, le prepararía el almuerzo. Sacó unas fetas de salmón ahumado, una lata de castañas, queso brie, y cortó algunas rodajas de pan francés.

Antes de marcharse del consultorio de Raquel, Iannis había insistido.

-Preguntale cuando la veas. Por favor. Sé que ella también piensa en mí. Lo tenés que entender.

-Es de libro..., el principio de toda relación es igual.

Iannis prometió pensarlo, tomárselo con otra filosofía, quizás con calma; pero también se llevó el teléfono de otro profesional para ver si podía, de una vez por todas, eliminar a la uruguaya de su cabeza. Y del corazón, ¿quién me la saca?

Adriana notó la inquietud de su pareja apenas la vio entrar.

-¿Vio un fantasma?

-No. O bueno, puede ser. Hoy estuvo Iannis en el consultorio.

-Dirá Romeo. Cuente, ¿sigue tan churro?

Raquel le comentó lo mal que lo había visto; aunque el planteo le había parecido lírico, pero razonable.

-O sea que ahora nos replanteamos todo. ¿Quiere volver con Renuncio? Váyase. ¿Qué le parece tan inteligente de un hombre que deja a su mujer porque no puede pasar a quererla con un amor maduro? Ése se la va a pasar buscando noviazgos. Nicole siempre tuvo un imán para esos tipos. Como es tan simpática y tan, pero tan desubicada, los hombres se confunden. Justo el otro día me comentaba que había pensado varias veces en cambiar de manera de ser; pero había llegado a la conclusión de que los que se confundían eran ellos. Dijo que eran unos babosos y que, por lo tanto, estaría haciendo un esfuerzo dirigido a una manada de inseguros. Yo estoy de acuerdo. Al único hombre que ha querido, y que va a seguir queriendo, porque tiene los pantalones bien puestos, es a Bigo. Dígale a Iannis que siga buscando a Julieta. La calle está llena de mujeres que necesitan sentirse deseadas.

-No sabía que el tema te ponía tan loca.

-Loca su abuela.

Capítulo XVIII

Cuando Bigo y Nicole llegaron a Colonia, él se bajó del barco para buscar un restaurante adonde comer esa noche; ella se quedo a ordenar y dejar todo listo para poder dormir tranquilos. Había cabos que hacían ruido cuando golpeaban contra el mástil; y un par de puertas que, con el vaivén del barco, hacían un ruido molesto... Era un trabajo que la entretenía, y quería arreglarlo de manera que Bigo aceptara dormir allí más de una vez. Estaba en medio de sus tareas cuando sintió un golpe y un ruido que estuvieron a punto de hacerle perder el equilibrio. Buscó, con la mirada hacia proa, pensando que había sido una boya; y, detrás de ella, sintió:

-En algún lado escuché decir que dos personas, que compran un mismo tipo de barco, están destinadas a ser amantes.

Nicole se quedó helada. El que se había subido al barco era nada menos que Iannis.

-Entonces esperá un ratito y te presento a Bigo, el dueño de éste. Sin embargo, te aclaro que no le gustan los hombres. Vas a tener un problema.

-El problema va a ser tuyo. Explicale a tu marido, cuando vuelva, que en breve le vas a ser infiel... Fijate cómo se lo decís. Hablamos más tarde.

Y, sin una palabra más, se fue. Cuando Bigo volvió, Nicole optó por ser todo lo directa que pudo.

-¿Sabés que acaba de venir un tipo al barco, y me dijo que te avisara que te iba a ser infiel con él?

-¿Me lo decís para que te frene?

-Sí.

-Estás temblando, ¿quién era?

-El tipo que te conté que habíamos conocido cuando estuvimos en el Caribe.

Bigo cambió su expresión.

-¿Qué pasó en ese viaje?

-Sólo lo besé. Te prometo que no pasó nada más.

-¿Y ahora, qué querés?

Nicole no contestó con palabras. Abrazó a su marido, pero no obtuvo retribución. Le dijo que se había confundido en su momento, pero que estaba encantada de no haber seguido con la fantasía.

-Me di cuenta de que algo había cambiado, preferí no presionarte. Vuelvo a mi pregunta... En este momento, ¿qué sentís?

-Cosquillas, y son con vos.

-Entonces vení que nos reímos juntos.

El resto del fin de semana en Colonia fue muy agradable. Desayunaban a bordo, después bajaban a caminar por la ciudad vieja, y siesta nuevamente juntos, mecidos por el agua. De noche, Bigo elegía adónde comer. Iannis no volvió a dar señales de vida, cosa que a Nicole le alegró. Su aparición la había sorprendido. Estaba tan atractivo como lo recordaba, pero sus intenciones eran tal cual se las había dicho a su marido.

A los pocos días de volver a Buenos Aires, Bigo le comentó que tenía que irse a Alemania y a Francia por unas semanas. Era una de las primeras veces que no la invitaba a acompañarlo. Le dijo que aprovechara para navegar cuanto quisiera. Cuando se despidieron en el aeropuerto, él le dio un beso y ella creyó ver lágrimas en sus ojos.

-Te adoro.

No recibió respuesta, y sintió que el estómago se le comprimía. No quiso volver a su casa. Fue directamente a lo de Adriana y, por suerte, Raquel se había ido a ver a sus hijos. Le contó lo que había pasado en Colonia, y lo extraño que le había parecido Bigo en su despedida.

-¿Por qué fue tan transparente?

-Estábamos tan bien, nunca me imaginé que lo tomara a mal.

-Usted no para de hacer huevadas, y cree que todo el mundo está hecho de piedra. Hay gente que siente. ¿Cómo no se dio cuenta de que una cosa así puede ofuscar a su marido? Si ya no sentía nada por ese Iannis, ¿qué le costaba ocultarlo? No llore.

-No vine a que me retaras. Hice bien en decirle la verdad. Tenía que sacarme la fantasía, y la única manera era blanquear lo del viaje. No me hago la fuerte. Al verlo a Iannis, se me erizó la piel. Y me dieron ganas de acercarme más, de abrazarlo; pero una cosa así ¿cuánto puede durar? Si lo mantenía oculto, me iba a dar manija... Iba a pensar en él, y en la manera de verlo sin que Bigo supiera. No me pareció lo correcto. Adri, qué fuerte que es la mirada de ese tipo...

Reflexionó un rato.

-Pero no tanto como para sacarme a Bigo de la mente... Voy a llamarlo.

-No, espere. Déjelo tranquilo, no sobe.

Nicole ya estaba discando, y obtuvo lo que había imaginado: el contestador.

-Baby, supuse que no ibas a contestar, pero no quise dejar de llamarte. Te quiero..., cada vez más.

Cortó y quedó callada. Se había confundido en el Caribe, y se había equivocado en dar alguno de los pasos, pero ya no podía borrarlo. Estaba en sus manos hacer lo correcto de ahora en más. Dejaría su orgullo a un lado, y continuaría llamando a Bigo. Haría lo que fuese necesario para que supiera cuánto lo quería, cuánto significaba en su vida. Él siempre había tenido la duda con respecto a los sentimientos de su mujer. Había reclamado más de una vez por lo poco demostrativa que era, y, en algún aspecto, tenía razón; pero no por eso, Nicole iba a permitir que sufriera con la ambigüedad un día más.

-Nic, reaccione. No se preocupe, ya se va a arreglar. Ayúdeme un poco. ¿Qué hago con Raquel?

-¿Por? ¿Qué duda tenés?

-Creo que esto es demasiado duro para ella; por sus hijos, me parece que se le está complicando. Yo quiero que se quede a vivir conmigo, pero no sé si debo seguir insistiendo. ¿Usted cómo la ve? No, espere, no conteste. Tengo que poder manejar esto sin tanta vaina. Lo que pasa es que no puedo dejar de pensar en las dos personas que murieron. ¿Sabe que, de repente, me entraron unas dudas gigantescas? Es como si no pudiera crecer, y quisiera seguir enamorada de la vida. Entonces, cuando una de mis relaciones madura, yo me escapo. Eso es lo que hago, ¿no cree? Mire si consigo que la otra se venga conmigo, después me aburro y rompo, y Raquel se deprime. Dicen que no hay dos sin tres... ¿Se cumplirá el dicho?

-Te estás inventando el problema para distraerme. Gracias, pero no lo necesito. Raquel no va a ser impulsiva. Viene pensando en esto desde hace tiempo. Está manejando los tiempos como buena psiquiatra que es. Con sus hijos le va a costar un poco más, pero lo va a conseguir. O no, pero es lógico. No es común que tu madre, de un momento a otro, te largue una noticia como ésa; pero siempre va a ser tu madre. La van a querer igual, sólo que necesitan tiempo para ajustarse. ¿Cómo se llevan con vos?

-Poco y nada. Me vieron un par de veces, me miraron de lo más feo. Me quedé callada. Raquel se puso incómoda. Fue horrible.

-Y bueno, dejen pasar un tiempo más largo. En algún momento se van a amigar. Ella, con sus hijos. No creo que te quieran ver a vos por mucho tiempo. Yo no sé cómo hubiera reaccionado; aunque te puedo asegurar que, si algo no le aguantaría a mi madre, es que tratara de convencerme, de empujarme. Hagan su vida, y denles tiempo. Hablando de tiempo, ya pasó una hora y no contestó el mensaje. ¡Dios!, ¡qué hice!

Sin escuchar los consejos de su amiga, llamó y dejó otro mensaje

-Hola, soy yo. Te voy a volver loco, ya sé, pero prefiero que sepas esto..., te re, re, re quiero, y no voy a dejar de hacerlo aunque te vayas a la China. Te espero hasta que tengas ganas de contestar, o de volver; no importa. Seré vieja, arrugada, con pañales, es lo mismo; me voy a casa..., a esperarte. Ah, y te aviso, pienso llamarte hasta llenar tu buzón de mensajes. Bueno, gordito, te... amo... *bye*

Capítulo XIX

Durante un tiempo, Raquel y Adriana se instalaron en un departamento amoblado, en Barrio Parque, una zona muy exclusiva de Buenos Aires, con vista a unos jardines, espectacularmente parquizados. Pero era hora de que se compraran algo. Adriana tuvo la oportunidad de conocer un poco más a los hijos de Raquel, aunque los chicos mantuvieron distancia. La mayoría de las veces, pedían ver a su madre en algún otro lugar, fuera de la casa que compartía con la colombiana. La madre que habían tenido no era la misma. La más afectada fue Sandra, su hija, quien en un principio prometió no volver a verla; pero sus hermanos la convencieron de lo contrario. Ninguno de ellos quiso blanquear la situación con sus amigos. Simplemente dijeron que sus padres se habían separado, esperando que el resto no se supiera. Pro eran grandes. Raquel, consciente de esto, mantenía una discreción absoluta en los ambientes en los que ellos se movían. Comentaba que vivía con una amiga que había conocido en un viaje, que era más simple convivir con una mujer; y no daba más explicaciones. De ese círculo, únicamente Bigo y Nicole conocían a la pareja como tal. Programaron varios viajes, pero esperarían hasta que el negocio de Adriana tomara ritmo. Esta última estaba algo dolida por tener que mantener su amor en secreto. Su vida había cambiado muchos años atrás, y ya había sentido una gran liberación no bien pudo empezar a disfrutarla sin prejuicios. En pocos lugares se daba el lujo de mostrarse. Uno de ellos era el barco de Nicole. Salían a navegar casi todos los fines de semana. Ellas llevaban la picada y la uruguaya proveía el ambiente. La relación entre las tres había nacido arriba del agua, y parecía destinada a crecer en el mismo entorno. En otro lugar, adonde se sentían muy a gusto, era en un taller de lectura en el cual, los intelectuales que conformaban el grupo, eran indiferentes a sus caricias. Asimismo habían logrado encontrar unos cuantos restaurantes y bares en Palermo y en la Recoleta, adonde podían abrazarse y besarse cuanto quisieran. Se hicieron un grupo de amigas y amigos que compartían las mismas inquietudes. Por suerte, pensaba Adriana; de lo contrario nos hubiéramos tenido que mudar a Bogotá.

Estaría lista para darle fin a este libro Gracias a Iannis, obtuve los mails de Adriana y Raquel, y logre que corroboraran o agregaran algunos datos. Pero me faltaba algo. Continuaba intrigándome el parador de la uruguaya. Una de las últimas anotaciones de Nicole me desconcertó, a tal punto que llamé a Iannis.
-Decíme una cosa, ¿qué pasó con Bigo? ¿Volvió? Acá veo algo escrito que me confunde.
Empecé a leer, pero me interrumpió.
-Tengo pasajeros esperando. Te llamo más tarde.
Por lo tanto, no tengo más remedio que darles lo que tengo frente a mis ojos…, y esperar unos días hasta encontrarme con algunos de estos personajes. Por fin accedieron a verme en persona, y prometieron darme detalles para que no siguiera adivinando. Van las últimas líneas de Nicole que tengo.

Sentado en el sofá blanco del departamento de Punta del Este, fue firme en su pedido:
-Largá de una vez ese aparato. No escribas más.
-Dejame, es sólo un minuto.
Y empecé a escribir…
"Lo veo ahí, tan cerca… Lleva unas hojotas negras, shorts cackys, remera blanca debajo de un polar gris…, y esos ojos…, ojos que denotan su enojo porque mis dedos siguen pegados al teclado…, enojo e inseguridad…"
Volvió a retarme.
-Dejá esa máquina o la tiro por el balcón.
Obedecí. La deposité sobre la mesa y me acerqué, sin dejar de mirarlo. Me fui despojando de los shorts de jeans y de la remera negra. Era todo lo que llevaba encima. Rodeó mi cuello con sus manos, se inclinó para besarme, y me dijo casi a modo de orden:
-Tomá nota, que esto es el comienzo de una novela.

Con alivio, sentí que sonaba el timbre. Por fin llegaban mis protagonistas. Salvo Iannis, hasta ahora solo había conocido al resto por fotos y descripciones escritas. Raquel era tal cual la imaginaba. Aunque reconozco que, en persona, me impresionó bastante mejor. Tanto ella como Adriana eran distinguidas. Adriana, además, era de una presencia impactante; no pasaría nunca desapercibida. Desde la vestimenta, hasta en la manera de sentarse y hablar. No podía creer que hubieran aceptado verme, pero las llamé tantas veces que les había ganado por cansancio. Ansiosa, empecé con el interrogatorio.

-Al final, ¿Bigo y Nicole se reconciliaron? ¿Volvió él o ella se fue a buscarlo?

Adriana me guiñó un ojo.

-Usted debe ser prima de Nicole. Pregunta sin pensar. No esperará que le contestemos esa primero. ¿Quiere saber algo de nosotras?

Sin siquiera anunciarse, Iannis abrió la puerta. Raquel parecía sorprendida de verlo, pero no habló. Adriana, sin embargo, se paró nerviosa y fue a saludarlo.

-Miren quién llegó. ¿Cómo le va, Iannis? Lástima que no me muevan los hombres, porque usted está para comérselo. Cuente, pues, ¿adónde se había metido?

Iannis saludó sonriente, dijo que venía a ayudar con la historia, a revisar que fuera fiel a la realidad; pero no creía que su vida tuviera que ser parte de ella. Le comenté que ya había escrito acerca de su separación y de su barco. Eso, me contestó, no tenía problema en que apareciera. Si quería saber algo más, tendría que escribir otro libro. Raquel me preguntó qué quería saber, le agradecí el gesto; pero aclaré que esperaríamos a que llegara el último invitado. Me había costado bastante encontrarlo; había tenido que poner la intuición a funcionar por muchos meses. Jacques seguía navegando en solitario. No era amigo de los instrumentos electrónicos adentro del barco; menos, de prender la radio y comunicarse mientras navegaba, con lo cual había tenido que recurrir a varias embajadas hasta que logré localizarlo. Igual que en la foto, lo más impactante era su serenidad.

Nuevamente fue Adriana quien se levantó, y le dio un fuerte abrazo. Eso me impresionó, y ni hablar del llanto que vi surgir de los ojos de Raquel. Entre los cuatro me dieron algo más de información acerca de la uruguaya. Ante el desorden de la conversación, Adriana ofreció un pequeño resumen.

-Después de dejarle mil mensajes y lograr un mínimo contacto con su adorado Bigo, Nicole viajó a París. Él no la recibió muy amigablemente. Al principio, le alquiló un cuarto en un hotel, y la pasaba a buscar para que, según le dijo, pudieran ponerse de novios antes de convivir. Ese esquema no duró ni dos semanas. Para hacer el cuento más corto, decidieron quedarse; no en París, sino en Niza. Compraron un departamento con vista al Mediterráneo, e hicieron un último viaje a Buenos Aires para vender todo aquello que los ataba a esa ciudad. Entre otras cosas, pusieron a la venta el *Moi Aussi*, el dichoso barco que compró usted. El mismísimo que dio origen a esta historia. Para nosotras, esa decisión, la mudanza de Bigo y Nicole, fue un golpe fuerte; pero prometimos visitarlos, especialmente si el lugar era la costa Azul.

Raquel agregó: -Nicole nos dijo que si solo los íbamos a visitar por interés, preferían estar solos-. Pero Bigo le dijo que no se hiciera la fría. Adriana interrumpió tratando de usar voz masculina: -Con esa cara de macho que ponía, le dijo: "después te la pasás hablando de cuanto las querés y cómo las extrañas. Señoritas, (a nosotras si nos sonrió,): va a ser in placer recibirlas. El cuarto de huéspedes está armado para ustedes; el jacuzzi se convierte en cama, y hay cámaras por todos lados… los controles los tengo yo. Video que grabe, video que me quedo."

Adriana y Raquel viajaron un mes después de despedirlos. Estuvieron juntos diez días. Entraron en cuanto restaurante y *night* club encontraron. Y pasaron horas en el balcón, mirando el mar, recordando y proyectando

-La pasamos divinamente. Y repetimos el viaje, aunque por razones muy distintas. Bigo murió durante unas vacaciones que Nicole le había regalado en Mónaco. Había sido diagnosticado con leucemia, y supuso que podría empezar el tratamiento a la vuelta. Su situación se agravó, y decidieron quedarse, para que pudiera continuarlo allí y para terminar sus días en la costa adonde él había dicho tantas veces que se retiraría.

A medida que Adriana hablaba, Iannis bajaba más y más la cabeza. Y Jacques corroboraba la historia, asintiendo.

Adriana continuó: -Cuando murió Bigo, Nicole me llamó. Estaba rarísima porque no sabía si enojarse con su marido por haberse enfermado o triste por haberlo perdido. Me dijo que era imposible que pudiera perdonarse haberle demostrado tan poco a un hombre que había sido impecable. Nunca la había escuchado llorar así. Se trababa al hablar. Usted no la conoce, pero parece de lo más fría. No era fácil que se mostrara vulnerable. Adoraba a Bigo; y, por más que tratara de hacerse la independiente, confesó que sentía que había perdido parte de su ser. Oiga, Jacues, ¿puede dejar quieta la cabeza? ¿Acaso usted también sabe la historia?

-Por supuesto. Porque después de volver a Niza, Nicole me buscó. Bueno, en realidad, lo hizo después de varios meses. Me dijo que ya no estaba con Bigo. Y que se había dado cuenta de que ya no podía vivir en un departamento que le traía tantos recuerdos, rincón por rincón. En ese momento, de la manera en que me habló, creí que se había separado. Me dijo que había decidido cruzar a vela el Atlántico; pero era consciente de la experiencia que le faltaba. Al principio yo había pensado que me coqueteaba. Tenía un modo que me confundía. Además, como les dije, en esa llamada, no habló de la muerte de Bigo. Sólo que tenía tiempo en sus manos, y que ese cruce era un tema pendiente. Accedí a hacer unas pruebas, sin muchas ganas. Primero salí en algunos viajes cortos con ella. Cuando me di cuenta de lo callada que era al navegar, y de lo mucho que disfrutaba, partimos hacia Sudamérica. Resultó ser un viaje muy agradable. Nicole cubrió bien sus guardias. Cuando tenía algo de tiempo libre escribía, o recapacitaba. Lloró bastante. Me conmovía porque trataba de ocultar el dolor, pero fue más de un mes y medio de convivencia. A mi edad he aprendido a no preguntar nada, e imaginé que tenía un problema personal importante; pero nunca que había quedado viuda. Al llegar a Punta del Este, me ofreció que me quedara con ella en el departamento, que todavía tenía, y ahí me comentó que Bigo ya no estaba más…

Miré a Jacques incrédula.

-Entonces, ¿es usted el de las hojotas y los shorts *cacky*?

-No sé de qué me está hablando.

-Perdón, me adelanté.

-No me pareció correcto quedarme solo con una dama en un departamento. Después del viaje la consideraba una gran amiga, y sabía que no pasaría nada. Me atrevo a decirles que la sentí como una hija. Pero era su país, y no quería que se hablara mal de ella.

Adriana rió. Nicole siempre había tenido la suerte de encontrarse con algún diplomático.

-Nos despedimos y fue la última vez que la vi. Al día siguiente, un hombre que trabajaba en el puerto me alcanzó un sobre.

Jacques lo sacó del bolsillo de la campera, y me lo entregó.

Estimado Jacques:

Difícilmente pueda poner en palabras el agradecimiento que siento. Estos días pasados me han dado mucho más de lo que esperaba y te lo debo principalmente a ti. Sé que, desde que te conocí, estuve algo densa; y hasta creo haberte usado..., aunque sos indomable, y dudo que te dejes manejar por nadie. Fui egoísta al insistir con el cruce. Te lo agradezco una y otra vez. Haber pasado horas frente al timón, en esas noches en que la luna acariciaba las olas grises, mientras golpeaban suaves contra el casco... Lo escribo y respiro hondo para suprimir las lágrimas. Entiendo ahora, como nunca, tu vida y tu serenidad. Y me alegro de que hayamos cruzado caminos. Espero haberte aportado algo, aunque más no sea a modo de retribución. No sé cómo hubiera vivido la falta de Bigo de otra manera que no fuera con la experiencia que me brindaste. Si tenés oportunidad de encontrar a la persona que compró mi barco en Argentina, contale de mi vida. Ya bastante va a saber con lo que dejé adentro. Dudo que vuelva a Buenos Aires por un tiempo. El dolor que siento, al recordar mis años allí con Bigo, sigue siendo fuerte; y no creo que me equivoque cuando digo que caminar por esas calles sería sufrir más de lo que en este momento podría soportar. Sin palabras pudiste ver mi corazón, lo sé. Tu mirada, y espero que esto no te ofenda, me hizo sentir protegida, comprendida. Perdí a mi padre de muy joven... Al conocerte, es como si lo hubiera re encontrado. Pero, basta de sentimentalismos. Aparte de haber estado algo melancólica durante la navegada, fue muy interesante mantener las charlas acerca de los libros que leímos juntos, del valor de la familia. Sonrío cuando recuerdo nuestras carcajadas tratando de alimentarnos con los peces que, inocentes, caían en cubierta para ser devorados, acompañados de una copa de vino blanco. También te agradezco que nunca hayas hecho comentarios acerca de mi pelo, ni de mi apariencia. Todavía estoy tratando de entender cómo hiciste para hablar, sin burlarte, frente a tal desastre de mujer.

Jacques... ¡GRACIAS! En cuanto vuelva a tocar tierra te escribo otra carta. Pero eso va a ser en unos cuantos meses, porque he tomado coraje (sueno como una española, ¿no?) y voy a cruzar alguno de los tres cabos en solitario... El que menos miedo me da, por tus cuentos, es el de Buena Esperanza. Sos un hombre excepcional. Bigo hubiera estado encantado de conocerte. Por respeto a él, espero que se sepa cuánto lo quise, la persona que te manda estas líneas y que, momentáneamente, se despide de ti, es quien es gracias a ese hombre que dejé con mucha tristeza y, por última vez, en París. Cómo me hubiera gustado poder compartir cada instante de lo que viví en el cruce con él, pero..., ¿sabés? Siempre lo sentí a mi lado. Bueno, te dejo antes de que me ponga a llorar, y de que te duermas leyendo este relato tan extenso. Además, más vale que descanse. En unos días, parto en busca del velero que espero, me guíe de ahora en más.

Nuevamente Jacques... gracias...
Nicole
P.D: Que mi historia quede grabada, no me preocupa. Si la publicaran me gustaría antes revisarla. Pero dudo que lo haga. Me divierte más pensar que, alguna vez, puedo llegar a leer mi relato en las palabras de alguien con un punto de vista objetivo. Si podés y tenés ganas, buscá al nuevo dueño del barco; y divertite armando el rompecabezas.

Despedí a los cuatro, encantada y al mismo tiempo triste por llegar al final de una historia que siento casi mía. Me preparé para comer algo y seguir escribiendo. Me faltaba resolver el enigma del hombre de las hojotas. ¿Iannis? Antes de despedirse me había dicho: "eran bermudas, no shorts, y eran negras, no cacky". Sonó el teléfono... Dejé que pasara al contestador. Era Jacques, agradeciéndome la velada, disculpándose por la hora... Tomé el llamado.

-Jacques, es usted quien me tiene que disculpar. No sabía quién era.

-Simplemente quería invitarla a almorzar el sábado.

-Por supuesto. Para mí sería un honor. Estoy segura de que vamos a ser muy buenos amigos.

-No, mi querida; yo, amigo suyo, nunca.

www.ingramcontent.com/pod-product-compliance
Lightning Source LLC
LaVergne TN
LVHW061035070526
838201LV00073B/5048